"Menkää kaikkialle maailmaan ja julistakaa evankeliumi kaikille luoduille. Joka sen uskoo ja saa kasteen, on pelastuva. Joka ei usko, se tuomitaan kadotukseen."

(Mark. 16:15)

Kirkkovuoden pyhät   sivu

Kustantaja: BoD · Books on Demand GmbH,
Helsinki, Suomi
Kirjapaino: Libri Plureos GmbH, Hampuri,
Saksa
ISBN: 978-952-80-8256-9

Uskonpuhdistuksen muistopäivä 20.10.2024

Saarnateksti: Matt. 5:13–16

"*Armo teille ja rauha Jumalalta, meidän Isältämme, ja Herralta Jeesukselta Kristukselta!*" (1. Kor. 1:3).

"*Tulta minä olen tullut tuomaan maan päälle – ja kuinka toivonkaan, että se jo olisi syttynyt!*" (Luuk. 12:49). Nämä Herran Jeesuksen sanat löytyvät evankeliumista Luukkaan mukaan. Ne tulkitaan yleisesti viittauksena siihen eripuraisuuteen, jonka suhtautuminen Jeesukseen saa aikaan ihmisten välille, kuten Herra itse sanoo:

"*Älkää luulko, että minä olen tullut tuomaan maan päälle rauhaa. En minä ole tullut tuomaan rauhaa, vaan miekan.*" (Matt. 10:34). Kuitenkin tekstin syvällinen tarkastelu osoittaa, että Jeesus ilmeisesti tarkoittaa tulella Jumalan Henkeä, joka helluntaina vuodatettiin opetuslapsiin. Tämän tapahtuman evankelista Luukas on kuvannut Apostolien teoissa: "*He näkivät tulenlieskoja, kuin kieliä, jotka jakautuivat ja laskeutuivat itse kunkin päälle. He tulivat täyteen Pyhää Henkeä ja alkoivat puhua eri kielillä sitä mitä Henki antoi heille puhuttavaksi.*" (Ap. t. 2:3–4). Tähän Pyhän Hengen lahjaan Jeesus on viitannut myös puhuessaan suolasta: "*Jokainen ihminen on tulella suolattava, ja jokainen uhri on suolalla suolattava."* (Mark. 9:49). Nämä Jeesuksen sanat sisältävät viittauksen Jerusalemin temppelin uhrimenoihin. Ne oli säädetty Mooseksen laissa, jossa on mainittuna myös suola: *"Älä jätä suolaa pois, sillä suola on Jumalan liiton merkki. Uhraa siis suolaa kaikkien uhrilahjojesi mukana."* (3. Moos. 2:13).

Päivän evankeliumissa saimme kuulla otteen Jeesuksen vuorisaarnasta. Siinä Herramme ja Vapahtajamme puhuu meille siitä, millaisia hänen opetuslastensa tulee olla. Jeesus käyttää tähän kahta erilaista vertauskuvaa. Näistä ensimmäinen on "maan suola", jonka tulee säilyttää maku. Tämä "suolaisuus" on lähtöisin Pyhän

Hengen tulesta; se on maukasta julistusta ja todistusta Herrastamme Jeesuksesta Kristuksesta, kuten apostoli Paavali sanoo: "*Olkoon puheenne aina suloista, suolalla höystettyä, ja tietäkää, kuinka teidän tulee itsekullekin vastata.*" (Kol. 4:6). Kristuksen kirkon tulee aina pitää esillä ja saarnata armon evankeliumia. Jos kirkko lopettaa tämän, se käy täysin merkityksettömäksi ja hyödyttömäksi – samoin kuin makunsa menettänyt suola. Alkutekstissä on tässä kohden käytetty kreikan verbiä *moorainoo*, jolla kuvataan suolan maun menettämistä. Kyseinen verbi on kiintoisa, koska se itse asiassa tarkoittaa tyhmäksi tulemista. Tässä on taustalla se, että Jeesus julisti nämä sanat alunperin arameaksi, omalla äidinkielellään; siinä esiintyy verbi, joka tarkoittaa sekä maun menettämistä että tyhmäksi tulemista. Näin Jeesus opettaa, että evankeliumin julistamisen hylännyt seurakunta on tullut tyhmäksi ja sen suola on käynyt mauttomaksi. Jotta näin ei käy, seurakunta tarvitsee Pyhän Hengen tulta koko ajan, jotta suola pysyy maukkaana.

Suolan lisäksi Jeesus puhuu paivan evankeliumissa opetuslapsistaan myös "maailman valona". Tämä liittyy erittäin kiinteästi siihen, että Herra on sanonut itsestään: "*Minä olen maailman valo.*" (Joh. 8:12). Tässä on ajatuksena, että Kristuksen seuraajat heijastavat hänen valoaan maailmaan. Näin kristityt loistavat kuin tähdet yötaivaalla, jotka tuovat valoa synnin ja kuoleman pimeyteen. Paavali on puhunut tästä Filippiläiskirjeessä: "*Jumala saa teissä aikaan sen, että tahdotte tehdä ja myös teette niin kuin on hänen hyvä tarkoituksensa. Tehkää kaikki nurisematta ja empimättä, jotta olisitte moitteettomia ja puhtaita, nuhteettomia Jumalan lapsia tämän kieroutuneen ja turmeltuneen sukukunnan keskellä. Te loistatte siinä kuin tähdet taivaalla, kun pidätte esillä elämän sanaa.*" (Fil. 2:13–16). Paavali tuo tässä opetuksessaan esille samat asiat kuin Jeesus päivän evankeliumissa; kun opetuslapset julistavat kristillistä uskoaan ja elävät sitä todeksi rakkauden tekojen avulla, se antaa ihmisille todistuksen, joka on hyvin voimallinen. Tällöin ihmiset eivät voi tehdä vastarintaa vaan hekin uskovat ja antavat kunnian Jumalalle taivaassa.

Kaikki, mitä olen saarnassani tähän asti käsitellyt, liittyy olennaisesti tämän pyhän aiheeseen, uskonpuhdistuksen muistoon. Pysähdytään nyt pohtimaan tätä hieman tarkemmin. Miten voisimme tuoda esiin ne luterilaisen uskomme aarteet, jotka Martti Luther onnistui aikanaan löytämään? Siinä on suureksi avuksi tämä kädessäni oleva symboli, joka tunnetaan "Luther-ruusuna". Tässä on keskellä musta risti, jota ympäröi punainen sydän. Sen ympärillä taas on valkoinen ruusu, joka on asetettu sinistä taustaa vasten, ja tämän ympäröi kultainen rengas. Mitä tämä symboli siis merkitsee? Luther on itse vastannut tähän eräässä kirjeessään vuodelta 1530, jossa hän kirjoittaa näin: "*Kaiken keskuksena on musta risti luonnollisen värisen sydämen sisällä. Sillä joka sydämestään uskoo, on vanhurskas –– Tämän sydämen tulee olla valkoisen ruusun sisällä, jotta näkyisi, että usko tuo mukanaan iloa, lohdutusta ja rauhaa — siksi ruusu on valkoinen eikä punainen; sillä valkoinen on henkien ja enkelien väri. Tämän ruusun tausta on taivaansininen, sillä sielun uskon tuoma ilo on tulevan taivaallisen riemun alkua — Ja tätä taustaa ympäröi kultainen rengas, sillä taivaan autuus jatkuu ikuisesti, ilman loppua ja on kaikkea iloa ja omaisuutta arvokkaampaa, niin kuin kulta on malmeista arvokkainta ja jalointa."*

Rakkaat ystävät, olemme tänään täällä Kemijärven kirkossa uskon aarteen äärellä. Tämä on tullut meille uskonpuhdistuksen perintönä halki vuosisatojen. Siksi meidän tulee hoitaa ja vaalia sitä, jotta evankeliumi voisi aina loistaa puhtaana ja kirkkaana Suomen kansalle. Luterilainen kristinusko on ainutlaatuinen kaikkien maailman uskontojen joukossa. Ja syynä tähän on vanhurskaus, joka saadaan *"yksin uskosta, yksin armosta, yksin Kristuksen tähden."* Aamen.

15. sunnuntai helluntaista
1.9.2024

<u>Saarnateksti: Matt. 11:25–30</u>

"Armo teille ja rauha Jumalalta, meidän Isältämme, ja Herralta Jeesukselta Kristukselta!" (1. Kor. 1:3).

"Jumalaa ei kukaan ole koskaan nähnyt. Ainoa Poika, joka itse on Jumala ja joka aina on Isän vierellä, on opettanut meidät tuntemaan hänet." (Joh. 1:18). Tämä Johanneksen evankeliumin alkupuolella sijaitseva teksti ilmaisee saman ajatuksen kuin Jeesuksen opetus tämänpäiväisessä evankeliumissa. Siinä Jeesus sanoo, että

hän on Jumalan Poika, jolle on "*annettu kaikki valta taivaassa ja maan päällä*" (Matt. 28:18). Vain Jumalan Poika tuntee Isän Jumalan sydämen, ei kukaan toinen. Isän voi oppia tuntemaan ainoastaan sen ilmoituksen avulla, joka on Jeesuksessa Kristuksessa. Hänessä "*kaikki viisauden ja tiedon aarteet ovat kätkettyinä.*" (Kol. 2:3).

Päivän evankeliumissa Jeesus ylistää ja kiittää taivaallista Isäänsä siitä, että tämä ilmoitus on osoitettu lapsenmielisille. Sen sijaan ne, jotka ovat tämän langenneen maailman silmissä viisaita, oppineita ja ymmärtäväisiä, jäävät vaille tätä Jumalan salaisuutta. Alkutekstissä käytetty kreikan sana "lapsenmielinen" on tässä *neepios*, joka tarkoittaa pientä lasta, imeväistä ja alaikäistä. Jeesus käyttää sanaa selkeästi vertauskuvallisessa merkityksessä omista opetuslapsistaan. Tämä liittyy kiinteästi Jeesuksen opetukseen siitä, kuka on suurin Jumalan valtakunnassa; hän asetti lapsen kaikkien kuulijoidensa keskelle ja opetti heille: "*Totisesti: ellette käänny ja tule lasten kaltaisiksi, te ette pääse taivasten valtakuntaan. Se, joka nöyrtyy tämän lapsen kaltaiseksi, on suurin taivasten valtakunnassa.*" (Matt. 18:3–4). Tällä opetuksellaan Jeesus näyttää omille opetuslapsilleen, millainen mielentila tulee olla niillä, jotka tahtovat päästä Jumalan valtakuntaan; sen tulee olla kuin pienellä lapsella, joka luottaa ja turvautuu omiin vanhempiinsa täydellisesti. Kun ihminen näin tekee, hän on viisas Jumalan silmissä eikä tämän maailman. Kuningas Salomo etsi aikoinaan viisautta Israelin Jumalalta ja sitä hän myös sai. Salomon viisaus oli tunnettu kautta koko Lähi-idän ja monet tulivat kaukaakin kuulemaan sitä. Salomo ei kuitenkaan ylpistynyt vaan luotti Israelin Jumalaan koko sydämestään. Salomon Sananlaskuissa on kirjoitettuna tällainen elämänohje: "*Turvaa Herraan kaikesta sydämestäsi äläkä nojaudu omaan ymmärrykseesi. Tunne hänet kaikilla teilläsi, niin hän sinun polkusi tasoittaa. Älä ole viisas omissa silmissäsi. Pelkää Herraa ja karta pahaa."* (Sananl. 3:5–7).

Onko päivän evankeliumissa oleva Jeesuksen opetus sellainen, että jotkut kokevat sen loukkaavaksi? Kyllä, aivan varmasti, nimittäin ne, jotka ovat tämän maailman silmissä viisaita ja oppineita. He ovat niitä, joille inhimillinen järki on ylin ja korkein auktoriteetti. Ainoastaan se, mitä järki voi käsittää, hyväksytään, ja kaikki se, mitä järki ei käsitä, hylätään. Nämä eivät voi uskoa kristinuskon Jumalaan, koska järki on heidän jumalansa. Jeesuksen risti ja sen tuoma pelastus on heille hulluutta, täysin järjetöntä typeryyttä. Näin se, mitä apostoli Paavali on opettanut, osoittautuu todeksi:

"*Puhe rististä on hulluutta niiden mielestä, jotka joutuvat kadotukseen, mutta meille, jotka pelastumme, se on Jumalan voima. Onhan kirjoitettu: -- Minä hävitän viisaitten viisauden ja teen tyhjäksi ymmärtäväisten ymmärryksen. Missä ovat viisaat ja oppineet, missä tämän maailman älyniekat? Eikö Jumala ole tehnyt maailman viisautta hulluudeksi?*" (1. Kor. 1:18–20). Tällä tavoin Paavali ilmaisee saman totuuden kuin Jeesus tämän pyhän evankeliumissa: ne ihmiset, jotka pitävät järkeä ylimpänä auktoriteetinaan, jäävät ilman Jumalan valtakunnan salaisuutta.

Miten siis on inhimillisen järjen laita? Se voi kyllä käsittää näkyvän luomakunnan, mutta ei sen Luojaa. Kuitenkin ihminen voi järkensä avulla havaita, että Jumala kyllä on olemassa. Luomakunnan ihmeellisyys ja kauneus todistavat Luojan viisaudesta ja voimasta. Siksi yksikään ihminen ei voi vedota siihen, ettei tiennyt Jumalan olevan todellinen. Luomakunnan yleinen ilmoitus todistaa meille Luojastaan, kuten Paavali on kirjoittanut: "*Sen, mitä Jumalasta voidaan tietää, he kyllä voivat nähdä. Onhan Jumala ilmaissut sen heille. Hänen näkymättömät ominaisuutensa, hänen ikuinen voimansa ja jumaluutensa, ovat maailman luomisesta asti olleet nähtävissä ja havaittavissa hänen teoissaan. Sen vuoksi he eivät voi puolustautua.*" (Room. 1:19–20). Yleinen ilmoitus ei kuitenkaan riitä kristinuskon Jumalan – Pyhän Kolminaisuuden – tuntemiseen, vaan siihen tarvitaan myös erityinen ilmoitus, se, jonka Jeesus Kristus on tuonut kaikille ihmisille. Ja tämä onkin sellainen ilmoitus, joka saa järjen suuren hämmennyksen valtaan; se ei voi käsittää Jumalan pelastussuunnitelmaa, jonka voi ottaa vastaan yksistään sydämen uskolla. Usko ei korvaa järkeä, mutta se osoittaa järjelle rajat, joita sen ei tule ylittää. Näin usko ja järki toimivat omissa sfääreissään, eivätkä taistele toisiaan vastaan.

Rakkaat ystävät, Kristus kutsuu meitä turvaamaan Jumalan huolenpitoon, hänen voimaansa ja viisautensa kaikesta sydämestämme. Me saamme rukoilla taivaallista Isäämme turvallisella mielellä, sillä me olemme hänen rakkaita lapsiaan. "*Jättäkää siis kaikki pahuus ja vilppi, kaikki teeskentely ja kateus ja kaikki panettelu. Niin kuin vastasyntyneet lapset tavoitelkaa puhdasta sanan maitoa, jotta sen ravitsemina kasvaisitte pelastukseen. Olettehan te "maistaneet Herran hyvyyttä".* (1. Piet. 2:1–3). Ehtoollispöydässä meillä on tilaisuus maistaa tätä Herran hyvyyttä. Käydessämme nauttimaan Kristuksen ruumiin ja veren meille kuuluvat ne ihanat sanat tämän päivän evankeliumissa, jotka Herra Jeesus itse meille puhuu: "*Tulkaa *minun luokseni, kaikki te työn ja kuormien uuvuttamat. Minä annan teille levon."* Aamen.

11. sunnuntai helluntaista
4.8.2024

Saarnateksti: Matt. 11:20–24

"Armo teille ja rauha Jumalalta, meidän Isältämme, ja Herralta Jeesukselta Kristukselta!" (1. Kor. 1:3).

"Tämä lapsi on pantu koetukseksi: monet israelilaiset kompastuvat ja monet nousevat. Hänet on pantu merkiksi, jota ei tunnusteta." (Luuk. 2:34). Vanha Simeon lausui aikoinaan nämä sanat Jeesuksesta, kun hän oli vielä sylilapsi. Jeesuksen äiti Maria ja hänen miehensä Joosef olivat tuoneet lapsen temppeliin, pyhittääkseen hänet Herralle,

Israelin Jumalalle. Vanha ja hurskas Simeon odotti heitä temppelin esipihalla, sillä hän oli saanut Jumalalta lupauksen nähdä Herran Voidellun ennen kuolemaansa. Pyhän Hengen johtamana Simeon otti Jeesuksen käsiinsä, ylisti Jumalaa ja profetoi tästä lapsesta. Maria ja Joosef olivat ihmeissään tästä eivätkä silloin vielä ymmärtäneet mitä tuo kaikki tarkoitti. Simeonin sanat alkoivat toteutua Jeesuksen tultua aikuiseksi, kun hän alkoi julistaa sanomaa Jumalan valtakunnasta ja tehdä ihmeellisiä tunnustekoja. Jeesus tuli oman kansansa, Israelin keskuuteen ja toimi heidän kaupungeissaan ja kylissään. Näistä monet torjuivat Jeesuksen ja hänen sanomansa, esimerkkinä Nasaret, hänen kotikaupunkinsa. "*Hän tuli omiensa luo, mutta hänen omansa eivät ottaneet häntä vastaan.*" (Joh. 1:11).

Päivän evankeliumissa saimme kuulla Jeesuksen puheen niistä israelilaisten kaupungeista, joissa suurin osa hänen voimateoistaan oli tapahtunut ja silti ne olivat torjuneet hänet. Näistä kolmesta kaupungista kovimman tuomion Jeesus lausuu Kapernaumille, koska se oli saanut nähdä eniten tunnustekoja. Koko julkisen toimintansa ajan – lähes neljä vuotta – Jeesus oli asunut Kapernaumissa ja oli antanut sen asukkaille vahvan todistuksen. Kapernaumissa Jeesus kohtasi erään sadanpäämiehen, jumalaapelkääväisen pakanan, josta hän antoi todistuksen: "*Totisesti: näin vahvaa uskoa en ole tavannut yhdelläkään israelilaisella.*" (Matt. 8:10). Päivän evankeliumissa on mainittu kaksi pakanakansojen kaupunkia, Tyyro ja Siidon, jotka olivat asuttuja Jeesuksen aikana. Nämä olivat muinaisia kaupunkeja, jotka kuuluivat foinikialaisille, suurelle kauppias- ja merenkulkijakansalle. Jeesus mainitsee nämä pakanoiden kaupungit esimerkkeinä siitä, miten pakanakansat ottavat Jumalan valtakunnan vastaan paremmin kuin Israel, Jumalan oma kansa.

Päivän evankeliumissa Kapernaumia on verrattu Sodoman kaupunkiin. Tämä ei ole sattuma, sillä Raamatun mukaan Sodoma oli jumalattomuuden, irstailun ja pahuuden tyyssija. Jeesuksen aikana Sodomaa ei enää ollut. Jumala oli hävittänyt sen, kuten on kirjoitettu: "*Herra antoi sataa taivaasta tulta ja tulikiveä Sodoman ja Gomorran päälle. Hän tuhosi nämä kaupungit ja koko tasangon sekä kaupunkien kaikki asukkaat ja maan kasvitkin.*" (1. Moos. 19:24–25). Jumalan liekehtivä viha tuhosi Sodoman kaupungin. Sen sijaintipaikka on vielä tänä päivänä arvoitus. Jotkut ovat esittäneet sen olevan Kuolleenmeren pohjassa, mutta tämä ei ole varmaa. Joka tapauksessa Jeesus tekee selväksi, että Kapernaumin kaupunki teki vielä suuremman synnin kuin Sodoma: se torjui Jeesuksen ja Jumalan sanan. Jeesus on sanonut: "*Autuas on se, joka ei loukkaannu minuun.*" (Matt. 11:6). Mikä sitten on niiden ihmisten osa, jotka loukkaantuvat häneen? Herra on sanonut: "*Jos minä en olisi tullut ja puhunut heille, he eivät olisi syyllisiä, mutta nyt heidän on mahdotonta puolustella syntiään. Joka vihaa minua, vihaa myös Isääni. Ellen olisi tehnyt heidän keskuudessaan tekoja, joita kukaan toinen ei ole tehnyt, he eivät olisi syyllisiä. Mutta nyt he ovat nähneet minun tekoni ja vihaavat sekä minua että Isääni.*" (Joh. 15:22–24).

Miksi Jeesuksen torjuivat erityisesti ne, jotka olivat kaikkein lähimpänä häntä? Jos on hengellisesti sokea, ei näe sitä mikä on aivan edessä. Jos on hengellisesti näkevä, näkee sen mikä on kaukana. Jeesus itse sanoi fariseuksille: "*Jos olisitte sokeita, teitä ei syytettäisi synnistä, mutta te väitätte näkevänne, ja sen tähden synti pysyy teissä.*" (Joh. 9:41). Apostoli Paavali sai aikanaan kokea, miten suurin osa israelilaisista torjui hänen julistamansa evankeliumin Jeesuksesta Kristuksesta. Lukiessaan Raamattua hän havaitsi, miten tarkasti tämä oli kerrottu profeetta Jesajan kirjassa: "*Minä asetan Siioniin kiven, johon he kompastuvat, kallion, johon he loukkaavat itsensä. Mutta joka häneen uskoo, ei joudu häpeään.*" (Room. 9:33). Tämä Paavalin lainaama Jesajan profetia pitää sisällään lupauksen siitä, millainen on niiden osa, jotka ottavat Kristuksen uskossa vastaan. Siksi Paavali julistikin ilosanomaa Jeesuksesta niin israelilaisten kuin myös pakanoiden keskuudessa, sillä Jumala ei erottele ihmisiä. Evankeliumi on tarkoitettu kaikille maailman kansoille, kuten Paavali itse on sanonut: "*Minä en häpeä evankeliumia, sillä se on Jumalan voima ja se tuo pelastuksen kaikille, jotka sen uskovat, ensin juutalaisille, sitten myös kreikkalaisille.*" (Room. 1:16).

Rakkaat ystävät, Jumala on kutsunut meidät Poikansa Jeesuksen seuraajiksi. Sanojemme ja tekojemme kautta voimme itse kukin antaa todistuksen Kristuksesta niille, jotka ovat lähellä meitä. Jumalan Henki antaa meille voimaa ja rohkeutta todistaa Jeesuksesta. Kuitenkin on syytä muistaa, että yksin Jumala voi synnyttää ihmisessä uskon, ei kukaan muu. Meidän tulee ylistää Jumalan suuruutta Paavalin tavoin: "*Kuinka ääretön onkaan Jumalan rikkaus, kuinka syvä hänen viisautensa ja tietonsa! Kuinka tutkimattomat ovat hänen tuomionsa ja jäljittämättömät hänen tiensä! Kuka voi tuntea Herran ajatukset, kuka pystyy neuvomaan häntä? Kuka on antanut hänelle jotakin, mikä hänen olisi maksettava takaisin? Hänestä, hänen kauttaan ja häneen on kaikki. Hänen on kunnia ikuisesti. Aamen.*" (Room. 11:33–36).

10. sunnuntai helluntaista
28.7.2024

Saarnateksti: Luuk. 12:42–48

"Armo teille ja rauha Jumalalta, meidän Isältämme, ja Herralta Jeesukselta Kristukselta!" (1. Kor. 1:3).

"Jolle on paljon annettu, siltä paljon vaaditaan, ja jolle on paljon uskottu, se pannaan paljosta vastaamaan." Nämä Jeesuksen sanat kertovat meille siitä, että Jumalan antamiin lahjoihin sisältyy paitsi oikeus käyttää niitä myös vastuu käyttää niitä oikein. Kun Jumala antaa palvelijalle tehtävän, hän myös varustaa tämän

tarvittavilla armolahjoilla sen hoitamiseksi. Sen vuoksi Jumala odottaa, että se, jolle tehtävä ja lahjat on uskottu, käyttää lahjoja uskollisesti tehtävän täyttämiseen. Mikäli palvelija osoittautuu uskolliseksi, hän saa Herraltaan kiitosta. Jos taas palvelija ei ole uskollinen, hän saa rangaistuksen. Tämä kaikki on liittyy siihen, että Jumala on sekä armollinen Isä että oikeudenmukainen tuomari. Hän armahtaa syntejään katuvia, mutta ei jätä rankaisematta niitä, jotka häpeämättömästi elävät synnissä. Jos tuomio tulee niiden osaksi, joille on vähän uskottu, vielä enemmän se tulee niiden osaksi, joille on paljon uskottu! Erityisesti niiden, joille on uskottu Jumalan sanan palveluvirka, onkin syytä osoittaa olevansa uskollisia taloudenhoitajia siinä talossa, johon Herra on heidät asettanut. Tästä aiheesta apostoli Paavali on todennut näin: "*Meitä on siis pidettävä Kristuksen palvelijoina, joiden huostaan on uskottu Jumalan salaisuudet. Siltä, jolle on jotakin uskottu, vaaditaan, että hän osoittautuu luottamuksen arvoiseksi.*" (1. Kor. 4:1–2).

Päivän evankeliumissa Jeesus esittää vertauksen taloudenhoitajasta, joka saa isännältään tehtäväksi pitää huolta muista palvelijoista ja antaa heille ruokaa ajallaan. Kyse on luottamustehtävästä, jonka haltija on saanut isännältään vallan ylitse kaiken palvelusväen. Mutta tämä valta tuo myös mukanaan vastuun sen oikeasta käytöstä. Jos taloudenhoitaja osoittautuu viisaaksi ja vastuulliseksi, hän saa suuren kiitoksen Herran saapuessa. Jos taas hän on tyhmä ja edesvastuuton, hän saa Herran tullessa ankaran rangaistuksen. Tämä Jeesuksen vertaus sopii erittäin hyvin niihin, jotka toimivat Jumalan sanan palvelustyössä. Apostoli Paavali on antanut Timoteukselle tällaisen ohjeen: "*Pyri osoittautumaan Jumalalle semmoiseksi, joka koetukset kestää, työntekijäksi, joka ei työtään häpeä, joka oikein jakelee totuuden sanaa.*" (2. Tim. 2:15). Tämä Paavalin opetus liittyy varsin sulavasti siihen, mitä Jeesus sanoo päivän evankeliumissa. Taloudenhoitaja, joka jakelee ruoka-annokset ajallaan talon palvelusväelle, vastaa tällöin seurakunnan paimenta, joka jakelee Jumalan sanaa hengelliseksi ravinnoksi niille, jotka ovat hänen laumansa lampaita. Kaikki tämä on tarkoitettu tehtäväksi sen esikuvan mukaan, jonka Jeesus itse on antanut: "*Ottakaa minun ikeeni päällenne ja oppikaa minusta, sillä minä olen hiljainen ja nöyrä sydämeltä; niin te löydätte levon sielullenne. Sillä minun ikeeni on sovelias, ja minun kuormani on keveä.*" (Matt. 11:29–30).

Päivän evankeliumissa kuvataan myös sitä, millainen on laiskan ja epäluotettavan palvelijan kohtalo. Luetussa tekstissä on sanottu, että hänet "hakataan kuoliaaksi", mutta alkutekstin mukaan kyse on vieläkin kovemmasta rangaistuksesta: sanatarkka käännös olisi, että tämä uskoton palvelija "leikataan palasiksi". Tämän jälkeen hän saa paikan kadotuksessa, jossa ovat kaikki epäuskoiset ikuisessa erossa Jumalasta. Jos palvelijan rangaistus vaikuttaa olevan turhan ankara, pitää muistaa, että Vanhan testamentin aikana Jumala on toiminut samoin Israelin kansan keskuudessa. Herra ei jättänyt rankaisematta leeviläisiä pappeja, jotka toimittivat palvelusta hänen pyhässä asuinpaikassaan, kuten seuraava esimerkki osoittaa: "*Aaronin pojat Nadab ja Abihu ottivat kumpikin tuliastiansa, sytyttivät niihin tulen, panivat niihin suitsuketta ja toivat näin*

Herran eteen tulta, jota ei ollut tehty hänen käskynsä mukaisesti. Silloin Herran luota lähti tuli, joka poltti heidät kuoliaaksi Herran edessä. Mooses sanoi Aaronille: 'Tästä Herra puhui, kun hän sanoi: -- Niissä, jotka ovat minua lähellä, minun pyhyyteni tulee näkyviin, ja koko kansa saa oppia tuntemaan minun valtani ja voimani.' Aaron ei saanut sanaakaan suustaan." (3. Moos. 10:1–3). Tämä esimerkkitapaus Israelin kansan historiasta osoittaa meille, että ne, jotka ovat saaneet Jumalalta paljon, ovat myös vastuussa paljosta. Ne, jotka ovat sananpalvelijoita Herran edessä, saavat osakseen suuren kunnian, mutta myös suuren vastuun. Ne, jotka opettavat sanaa, ovat tässä erityisen tärkeässä roolissa. Siksi ne, jotka ovat olleet tässä tehtävässä uskollisia, saavat suuren palkinnon, kuten Danielin kirjassa sanotaan: "*Oikeat opettajat loistavat niin kuin säteilevä taivaankansi, ja ne, jotka ovat opastaneet monia vanhurskauteen, loistavat kuin tähdet, aina ja ikuisesti.*" (Dan. 12:3). Pitää kuitenkin muistaa, että sanan opettaminen on armolahja. Jumalan Henki antaa sen niille, jotka hän on kutsunut tähän työhön oman tahtonsa mukaan. Opettajana ei siis voi ryhtyä toimimaan kuka tahansa, koska se ei ole Jumalan tahto. Tästä johtuen on Jaakobin kirjeessä annettu ohjeeksi näin: "*Veljeni, kovin monien teistä ei pidä ryhtyä opettajiksi, sillä te tiedätte, että meidät opettajat tullaan tuomitsemaan muita ankarammin."* (Jaak. 3:1).

Rakkaat ystävät, Jumala on antanut jokaiselle meistä tietyn armolahjan. Näitä Hengen lahjoja käyttämällä voimme kaikki yhdessä rakentaa Kristuksen ruumista, se on, hänen seurakuntaansa. Jos pysymme uskollisina taloudenhoitajina Herramme talossa, hän palkitsee meidät ylenpalttisen runsaasti. Tähän liittyy suuri vastuu, mutta se on mahdollista kantaa Jumalan avulla. Tehkäämme siis kuten psalmi 55 kehottaa: *"Jätä taakkasi Herran käteen, hän pitää sinusta huolen. Hän ei ikinä salli hurskaan sortua."* (Ps. 55:23). Aamen.

9. sunnuntai helluntaista
21.7.2024

<u>Saarnateksti: Matt. 7:24–29</u>

"*Armo teille ja rauha Jumalalta, meidän Isältämme, ja Herralta Jeesukselta Kristukselta!*" (1. Kor. 1:3).

"*Totuuden pylväs ja perustus ja tunnustetusti suuri on jumalisuuden salaisuus: Hän, joka on ilmestynyt lihassa, vanhurskautunut Hengessä, näyttäytynyt enkeleille, saarnattu pakanain keskuudessa, uskottu maailmassa, otettu ylös kirkkauteen.*" (1. Tim. 3:15–16). Tämä varhaiskristittyjen uskontunnustus kertoo meille, mille perustalle he rakensivat oman elämänsä. Apostoli Paavali ilmaisee asian vieläkin tiiviimmässä muodossa: "*Perustus on jo laskettu, ja se on Jeesus Kristus. Muuta perustusta ei kukaan voi laskea.*" (1. Kor. 3:11). Päivän evankeliumissa saimme kuulla Jeesuksen esittämän vertauksen kahdesta rakentajasta, joka päättää hänen vuorisaarnansa. Kun Jeesus on päättänyt puheensa, monet ihmettelevät sitä millä tavalla hän opettaa. Jeesus opettaa niin kuin se, jolle on annettu valta. Tämä pitää yhtä sen kanssa, mitä Kristus on itsestään sanonut: "*Minulle on annettu kaikki valta taivaassa ja maan päällä.*" (Matt. 28:18). Jeesuksella on valta yli koko kosmoksen, se valta, joka kuuluu yksin Jumalalle. Tästä johtuen kaikki se, mitä Jeesus on sanonut, on painoarvoltaan suurempaa kuin mikään muu koko maailmankaikkeudessa. Jeesus on Jumalan ikiaikainen Sana, joka syntyi ihmiseksi. Jumalan sana pysyy ikuisesti, mutta kosmos ei pysy. Jeesus on sanonut: *"Taivas ja maa katoavat, mutta minun sanani eivät katoa."* (Mark. 13:31).

Päivän evankeliumissa Jeesus puhuu siitä, miten ihmisten tulee olla Jumalan sanan kuulijoita, mutta myös sen tekijöitä. Kutsuessaan ihmisiä yhteyteensä Jumala tahtoo ihmisten olevan hänelle otollisia niin ajatusten kuin myös tekojen tasolla. Kaiken tämän saa aikaan Pyhä Henki, joka liittyy julistettuun sanaan. Jeesus opettaa: *"Henki yksin tekee eläväksi, lihasta ei ole mitään hyötyä. Ne sanat, jotka olen teille puhunut, ovat henki ja elämä."* (Joh. 6:63). Pyhä Henki synnyttää uskon Jumalaan ja Jeesukseen, muuttaa ajatusmaailman ja tuottaa kristityn elämässä uskon hyvää hedelmää. Kaiken tämän tavoitteena on se, että kristityn ajatukset, sanat ja teot olisivat sopusoinnussa keskenään.

Esittämässään vertauksessa Jeesus kertoo kahdesta miehestä, joista kumpikin ryhtyi rakentamaan itselleen taloa. Näistä kahdesta ensimmäinen – viisas mies – edustaa ihmistä, joka kuulee Jumalan sanan ja tekee sen mukaan, toinen heistä – tyhmä mies – kuulee sanan, mutta ei tee sen mukaan. Tässä vertauksessa on hyvin selvästi nostettu esiin sanan kuuleminen ja sen tekeminen – mutta missä on usko? Vaikka Jeesus ei mainitse uskoa suoraan, se on kyllä löydettävissä. Jos pitäisi kysyä, kumpi näistä miehistä otti Jumalan sanan vastaan ja uskoi sen, mikä olisi vastaus? Eikö se mies, joka ryhtyi elämään hänelle julistettua sanaa todeksi? Näin voidaan todeta, että Jumalan sana on hyödyksi sen ihmisen elämässä, joka ottaa sen uskossa vastaan. Heprealaiskirjeessä kirjoitetaan:

"*Mehän olemme kuulleet hyvän sanoman aivan niin kuin nuo entisajan ihmiset. Heille ei kuitenkaan ollut mitään hyötyä sanasta, jonka he kuulivat, koska he eivät sitä uskoneet eikä se näin sulautunut heihin."* (Hepr. 4:2).

Jeesuksen vertauksessa tulee myös esille se, millaiselle perustukselle uskon talo kannattaa rakentaa. Jos tämä perusta on hyvä ja vahva, sen päällä seisoiva talo kestää elämän tuulet ja myrskyt. Jos talon perustus taas on huono ja heikko, se ei voi kestää niitä tuulia ja myrskyjä, joita elämä sitä vastaan tuo. Meidän tulee siksi kysyä itseltämme, mille perustalle olemme itse kukin rakentaneet oman uskomme. Onko meidän tarkoitus perustaa kristillinen usko inhimillisen voiman ja viisauden varaan? Ei suinkaan! Jos me rakennamme uskomme oman voimamme ja viisautemme varaan, teemme samoin niin kuin tyhmä mies, joka rakensi talonsa hiekalle. Se perusta ei voi kestää elämän tuulia ja myrskyjä vastaan. Sen sijaan, meidän uskomme tulee seisoa sillä perustalla, joka on Jumalan itsensä tekoa, se on, Jumalan Hengen voima. Kun me näin olemme perustaneet uskomme, olemme tehneet niin kuin viisas mies, joka rakensi talonsa kestävälle kalliolle. Kaikki perustuu siihen, että meihin ulkopuolelta tuleva Jumalan voima kannattelee uskoa, eikä suinkaan meidän oma voimamme. Tästä oikeasta uskon perustasta Paavali opettaa Korintin seurakunnan kristityille näin: *"Puheeni ja julistukseni ei pyrkinyt vakuuttamaan viisaudellaan vaan ilmensi Jumalan Hengen voimaa, jotta teidän uskonne ei perustuisi ihmisten viisauteen vaan Jumalan voimaan."* (1. Kor. 2:4–5). Ja Paavali on myös todennut: "*Tämä aarre on meillä saviastioissa, jotta nähtäisiin tuon valtavan voiman olevan peräisin Jumalasta eikä meistä itsestämme.*" (2. Kor. 4:7). Kun kristillinen uskomme seisoo Jumalan voiman varassa, sitä perustaa ei voi tuhota mikään koko maailmassa.

Rakkaat ystävät, Jumalan pyhä sana on annettu meille uskonelämän peruskiveksi. "*Jokainen kirjoitus, joka on syntynyt Jumalan Hengen vaikutuksesta, on myös hyödyllinen opetukseksi, nuhteeksi, ojennukseksi, kasvatukseksi vanhurskaudessa, että Jumalan ihminen olisi täydellinen, kaikkiin hyviin tekoihin valmistunut."* (2. Tim. 3:16–17). Kun meillä on uskon kautta luottamus ja turva siihen, mitä Jumala on luvannut, meillä on elävä toivo Jeesuksessa Kristuksessa. *"Se toivo on elämämme ankkuri, luja ja varma. Se ulottuu väliverhon tuolle puolen."* (Hepr. 6:18–19). Itse kukin meistä kulkee jonain päivänä läpi tämän väliverhon, sen rajan, joka yhdistää Jumalan todellisuuden ja ihmisten todellisuuden. Kun se tapahtuu, saamme seistä Herran edessä horjumatta ja rohkein mielin. Ja kaiken tämän tekee mahdolliseksi se perusta, jolla me uskossa seisomme. Jumalan sana on se perusta, joka kestää nyt ja iankaikkisesti. Aamen.

7. sunnuntai helluntaista

7.7.2024

Saarnateksti: Luuk. 6:27–31

"Armo teille ja rauha Jumalalta, meidän Isältämme, ja Herralta Jeesukselta Kristukselta!" (1. Kor. 1:3).
  "Niin kuin te tahdotte ihmisten tekevän teille, niin tehkää te heille." Tätä Jeesuksen opetusta kutsutaan yleisesti nimityksellä kultainen sääntö. Se liittyy kiinteästi siihen, mitä Herramme on opettanut lähimmäisen rakastamisesta: *"Rakasta lähimmäistäsi niin kuin itseäsi"*. Kun me noudatamme kultaista sääntöä, asetumme lähimmäisen asemaan:

kohtelenko minä lähimmäistäni niin kuin itse haluaisin tulla kohdelluksi jos olisin hän? Kristitylle jokainen ihminen on hänen lähimmäisensä, sillä kaikki ihmiset ovat Jumalan kuvaksi luotuja.

Rippileirimme Ailangassa saatiin viime tiistaina päätökseensä. Itse toimin siellä yhtenä vetäjistä ja pidin oppitunteja eri aiheista. Tavoitteenani oli keksiä uusia ja luovia tapoja opettaa kristinuskon asioita. Leirin loppuvaiheessa toteutin erään idean, joka erityisesti kiinnosti itseäni: askartelin jokaiselle leiriläiselle oman kultaharkon ja pyysin heitä pitämään ne tallessa. Näissä harkoissa oli yhdellä puolella valmistajan leima, Jeesuksen risti. Toisella puolella oli raamatunteksti, jossa luki näin: "*Jeesus oli rikas mutta tuli köyhäksi teidän vuoksenne, jotta te rikastuisitte hänen köyhyydestään.*" (2. Kor. 8:9). Näiden kultaharkkojen ideana oli opettaa, mikä on aitoa rikkautta ja kuka sitä antaa. Jeesus sanookin Raamatussa: "*Osta minulta tulessa puhdistettua kultaa, niin tulet rikkaaksi.*" (Ilm. 3:18).

Päivän evankeliumissa Herramme on esittänyt meille, mikä on kultainen sääntö ja mitä sen noudattaminen pitää sisällään. Kristityn on tehtävä osoitettava rakkautta kaikille lähimmäisilleen, niin ystäville kuin vihollisille. Vuorisaarnassaan Jeesus on opettanut: "*Jos te rakastatte niitä, jotka rakastavat teitä, minkä palkan te siitä ansaitsette? Eivätkö publikaanitkin tee niin? Jos te tervehditte vain ystäviänne, mitä erinomaista siinä on? Eivätkö pakanatkin tee niin? Olkaa siis täydellisiä, niin kuin teidän taivaallinen Isänne on täydellinen."* (Matt. 5:46–48). Nämä sanat ilmaisevat meille, mitä todella merkitsee rakastaa lähimmäistään niin kuin itseään. Siihen liittyy kiinteästi eräs ulkoläksyistä, joita nuoret opettelivat leirillä. Kyseessä on ARMO eli Ansaitsematon Rakkaus Minun Osakseni; niin kuin Jumala on osoittanut meille ansaitsematonta rakkautta, samalla tavoin myös meidän tulee osoittaa sitä kaikille lähimmäisillemme.

Jeesuksen seuraava opetus on paljon haastavampi. *"Jos joku lyö sinua poskelle, tarjoa toinenkin poski."* Itse kuulin nämä sanat ensimmäistä kertaa peruskoulussa, kolmannella tai neljännellä luokalla. Lapsi kun olin, ymmärsin Jeesuksen sanat hyvin kirjaimellisesti. Samalla tiesin, että itse en ikinä voisi noudattaa niitä, pidin sitä aivan mahdottomana. Miten sellainen ihminen, jota on jo kerran lyöty poskelle, voisi ottaa vastaa lisää samaa eikä puolustaa itseään millään tavoin! Tästä pohdinnastani on nyt kulunut aikaa yli 25 vuotta. Ajan kuluessa olen huomannut, että näihin Jeesuksen sanoihin kätkeytyy hyvin syvällinen viisaus. Kyse on siitä, että ihmisen ei tule maksaa pahaa takaisin pahalla; väkivalta synnyttää vain lisää väkivaltaa, kosto synnyttää aina vastakoston. Sen sijaan Jeesus kehottaa taistelemaan pahaa vastaan rakkaudella, siunaamisella, rukoilemisella ja hyvän tekemisellä. Tässä Jeesuksen hengessä apostoli Paavali on Roomalaiskirjeessään sanonut viisaasti: "*Älä anna pahan voittaa itseäsi, vaan voita sinä paha hyvällä.*" (Room. 12:21). Jeesus on sanonut: "*Minä olen maailman valo. Minun seuraajieni ei koskaan tarvitse kulkea pimeässä, sillä heillä on elämän valo.*" (Joh. 8:12). Näistä seuraajistaan eli opetuslapsistaan Herra on vuorisaarnassaan opettanut: "*Te olette maailman valo. Näin loistakoon teidänkin valonne ihmisille, jotta he näkisivät teidän hyvät tekonne ja ylistäisivät Isäänne, joka on taivaissa.*" (Matt. 5:14, 16). Kristityn on heijastettava maailman pimeyteen sitä taivaallista kirkkautta, joka on lähtöisin Jeesuksesta Kristuksesta.

Päivän evankeliumissa Jeesus puhuu myös antamisesta. "*Anna jokaiselle, joka sinulta pyytää, äläkä vaadi takaisin siltä, joka sinulta jotakin vie.*" Tämä opetus on kohdistettu erityisesti ihmisten ahneutta ja itsekkyyttä vastaan. Miten helppoa onkaan ihmiselle toimia päinvastoin, kieltäytyä jakamasta omastaan muille ja vaatia takaisin sitä, mitä häneltä on viety. Tästä voimme nähdä, että monesti on vaikeaa toimia oikein, Jumalan tahdon mukaan. Jeesuksen opetusten mukaan Jumalan on oltava elämässä ensimmäisellä sijalla, ei rahan ja tavaran. Kristityn tulee tavoitella hengellistä rikkautta, ei maallista. Ihmisen on hyvin vaikeaa olla samalla rikas sekä hengellisesti että `maallisesti. Jeesus onkin vuorisaarnassaan antanut meille ohjeen: "*Kootkaa itsellenne aarteita taivaaseen. Siellä ei koi eikä ruoste tee tuhojaan eivätkä varkaat murtaudu sisään ja varasta. Missä on aarteesi, siellä on myös sydämesi.*" (Matt. 6:20–21).

Saarnani lopuksi palaan vielä tiistaihin, rippileirin viimeiseen päivään. Silloin pidin leiriläisille infotilaisuuden, jossa kävin läpi konfirmaatiota ja sen merkitystä. Päätin tämän infon siten, että jaoin heille erään muiston omalta rippikouluajaltani, kesältä 2003. Tämä muistoni oli Pekka Simojoen kappale "Olet vapaa", joka oli tullut itselleni tärkeäksi omasta rippikoulusta. Erityisesti siinä on itseäni puhutellut tämä kohta: "*Siivet saimme Jumalalta, siivet sydämen, lentää saamme valoon, lentää vapauteen.*" Jumalan Henki antaa sydämelle siivet, joiden avulla meistä todella tulee vapaita. Jeesus kutsuu meitä kaikkia seuraamaan häntä, koska vain silloin voimme oppia tuntemaan totuuden. Jeesus sanoo: "*Jos te pysytte uskollisina minun sanalleni, te olette todella opetuslapsiani. Te opitte tuntemaan totuuden, ja totuus tekee teistä vapaita.*" (Joh. 8:31–32). Aamen.

Apostolien päivä 30.6.2024

Saarnateksti: Mark. 3:13–19

"*Armo teille ja rauha Jumalalta, meidän Isältämme, ja Herralta Jeesukselta Kristukselta!*" (1. Kor. 1:3).

"*Jo ennen kuin sinut äidinkohdussa muovasin, minä valitsin sinut. Jo ennen kuin sinä synnyit maailmaan, minä pyhitin sinut omakseni.*" (Jer. 1:5). Näillä sanoilla Herra ilmaisi aikoinaan Jeremialle, Hilkian pojalle, että hänet oli valittu toimimaan Israelin Jumalan sanansaattajana, profeettana. Vanhan testamentin kirjoihin kuuluva Jeremian kirja kertoo meille tästä Herran profeetasta, hänen sanoistaan ja teoistaan. Jeremiasta tuli profeetta siksi, että Jumala kutsui hänet tähän tehtävään. Samoin oli asia myös Jesajan, Hesekielin ja kaikkien muiden Vanhan testamentin ajan profeettojen kohdalla. Herra valitsi, kutsui ja asetti profeetat saarnaamaan Jumalan sanaa ja tekemään voimallisia tekoja hänen nimessään. Samoin oli myös Uuden testamentin ajan sananjulistajien, apostolien kohdalla.

Päivän evankeliumissa saimme kuulla miten Herra Jeesus Kristus valitsi, kutsui ja asetti itselleen kaksitoista apostolia. Sana "apostoli" tulee kreikankielisestä sanasta *apostolos*. Se tarkoittaa henkilöä, joka on lähetetty suorittamaan tehtävää. Vaikka päivän evankeliumissa ei esiinny sanaa "apostoli", sen merkitys on selkeästi läsnä kohdassa, jossa Jeesus lähettää heidät saarnaamaan. Siinä on käytetty kreikankielistä, lähettämistä merkitsevää verbiä *apostelloo*, josta tulee myös sana *apostolos*, "apostoli".

Jeesus valitsi itselleen 12 apostolia. Tämä lukumäärä ei ollut satunnainen, vaan se vastaa Israelin kahtatoista sukukuntaa. Tällä tavoin Jeesus ilmaisi, että apostolit edustivat uutta Israelia, Kristuksen kirkkoa. Heidät kaikki oli kutsuttu nimeltä siihen tehtävään, jonka Jeesus heille antoi. Sinä iltana, jona Juudas kavalsi Mestarinsa, hän lausui

Pietarille ja muille apostoleille. "*Ette te valinneet minua, vaan minä valitsin teidät, ja minun tahtoni on, että te lähdette liikkeelle ja tuotatte hedelmää, sitä hedelmää joka pysyy.*" (Joh. 15:16). Viikon ensimmäisen päivän iltana ilmestyi ylösnoussut Kristus apostoleilleen, ja hän lausui: "*Rauha teille! Niin kuin Isä on lähettänyt minut, niin lähetän minä teidät.*" (Joh. 20:21). Näin Herramme Jeesus teki uudeksi sen apostolisen kutsumuksen ja tehtävän, josta saimme kuulla päivän evankeliumissa.

Markuksen evankeliumin loppujaksossa on kerrottu tarkemmin, mitä kaikkea tähän apostolien tehtävään kuului. Siinä Jeesus sanoo heille: "*Menkää kaikkialle maailmaan ja julistakaa evankeliumi kaikille luoduille.*

Joka sen uskoo ja saa kasteen, on pelastuva.

Joka ei usko, se tuomitaan kadotukseen. Ja niitä, jotka uskovat, seuraavat nämä tunnusmerkit: Minun nimissäni he ajavat pois pahoja henkiä. He puhuvat vierailla kielillä. He tarttuvat käsin käärmeisiin, ja vaikka he juovat tappavaa myrkkyä, se ei vahingoita heitä. He panevat kätensä sairaiden päälle, ja nämä paranevat." (Mark. 16:15–18). Kun Herran taivaaseenastumisen aika oli tullut, hän lausui apostoleille: "*Te saatte voiman, kun Pyhä Henki tulee teihin, ja te olette minun todistajani Jerusalemissa, koko Juudeassa ja Samariassa ja maan ääriin saakka.*" (Ap. t. 1:8). Helluntaipäivänä tämä Herran lupaus kävi toteen. Siitä lähtien on julistettu evankeliumia ristiinnaulitusta ja ylösnousseesta Jeesuksesta Kristuksesta, maailman Vapahtajasta. Apostoli Paavali on kuvannut tätä ilosanomaa seuraavasti: "*Minä en häpeä evankeliumia, sillä se on Jumalan voima ja se tuo pelastuksen kaikille, jotka sen uskovat, ensin juutalaisille, sitten myös kreikkalaisille. Siinä Jumalan vanhurskaus ilmestyy uskosta uskoon. Onhan kirjoitettu: "Uskosta vanhurskas saa elää.""* (Room. 1:16–17). Nämä sanat ovat kirjoitettuina Paavalin kirjeessä roomalaisille. Samassa kirjeessä apostoli jatkaa toisessa kohden evankeliumin julistamisen merkityksestä: "*Juutalaisen ja kreikkalaisen välillä ei ole eroa. Kaikilla on sama Herra, ja häneltä riittää rikkautta kaikille, jotka huutavat häntä avukseen. Onhan kirjoitettu: "Jokainen, joka huutaa avukseen Herran nimeä, pelastuu." Mutta kuinka he voivat huutaa avukseen sitä, johon eivät usko? Kuinka he voivat uskoa siihen, josta eivät ole kuulleet? Kuinka he voivat kuulla, ellei kukaan julista? Kuinka kukaan voi julistaa, ellei häntä ole lähetetty? Onhan kirjoitettu: "Kuinka ihanat ovat ilosanoman tuojan askelet!""* (Room. 10:12– 15). Näin Paavali tuo selkeästi esille, miksi apostolien tulee julistaa evankeliumia kaikille maailman ihmisille: heidän pelastuksensa tähden.

Rakkaat kristityt, Jeesus on kutsunut myös meidät evankeliumin julistustyöhön. Kun olemme itse saaneet uskossa ottaa vastaan ilosanoman Kristuksesta, meidän on jaettava tätä Jumalan lahjaa myös kaikille lähimmäisille. Kuitenkin on tärkeää pitää mielessä, että evankeliumin sanoma voi välittyä monilla eri tavoilla; se voi olla kertomista omasta uskosta, läheisen ystävän tai perheenjäsenen muistamista joulutervehdyksellä, hädässä ja puutteessa olevien auttamista – tai vaikka kadonneen lelun palauttaminen lapselle. Jumala antaa meille elämässä yhä uusia tilaisuuksia välittää kristinuskon sanomaa eteenpäin. Jeesus sanoo: "*Te olette maailman valo. Ei kaupunki voi pysyä kätkössä, jos se on ylhäällä vuorella. Eikä lamppua, kun se sytytetään, panna vakan alle, vaan lampunjalkaan. Siitä sen valo loistaa kaikille huoneessa oleville. Näin loistakoon teidänkin valonne ihmisille, jotta he näkisivät teidän hyvät tekonne ja ylistäisivät Isäänne, joka on taivaissa."* (Matt. 5:14–16). Meidän ei tarvitse pelätä evankeliumin työtä, sillä emme ole oman voimamme varassa. Herra Jeesus on aina rinnallamme, kuten on sanonut: "Minä olen teidän kanssanne kaikki päivät maailman loppuun asti." (Matt. 28:20). Aamen.

5. sunnuntai helluntaista
23.6.2024

Saarnateksti: Luuk. 13:1–5

"*Armo teille ja rauha Jumalalta, meidän Isältämme, ja Herralta Jeesukselta Kristukselta!*" (1. Kor. 1:3).

"*Herra ohjaa omiensa tietä, mutta jumalattomien tie päätyy tuhoon.*" (Ps. 1:6). Tällä tavoin on Psalmien kirjan avauspsalmissa kuvattu kahta erilaista tietä, jotka ovat vanhurskauden tie ja jumalattomuuden tie. Tämän kuvauksen perusteella voisi ajatella, että ihmisen sieluntila olisi pääteltävissä siitä, miten hänen elämänsä päättyy. Jos kuolema on hyvä ja rauhallinen, hän oli vanhurskas. Jos taas hän koki kauhean ja väkivaltaisen kuoleman, hän oli jumalaton. Kuitenkaan tämä näkemys ei pidä paikkaansa päivän evankeliumin valossa; siinä Jeesus esittää selkeästi, ettei ihmisen sieluntilaa voida arvioida hänen kuolintapansa perusteella.

Evankeliumissa otetaan esille kaksi esimerkkiä siitä, mitä yleisesti pidetään jumalattomille sopivana tapana kuolla. Ensimmäisessä kerrotaan galilealaisista, jotka Pilatus oli antanut teloittaa. He olivat ilmeisesti tehneet jotain sellaista, joka oli väärin roomalaisen maaherran silmissä. Historiallisten lähteiden mukaan Pilatus toimi siten, että kun hän oli julistanut teloitustuomion hänen sotilaansa laittoivat sen heti täytäntöön miekoillaan. Ilmeisesti nämä galilealaiset oli tuotu maaherran eteen niiden uhrieläinten kanssa, jotka he olivat tuoneet. Kun heidät surmattiin, myös eläimet tapettiin samalla. Näin vuodatettu ihmisveri sekoittui uhrieläinten vereen.

Toinen evankeliumissa mainittu kauhea kuolintapa oli Jerusalemissa sattunut onnettomuus; Siloan torni oli luhistunut ja joukko ihmisiä oli kuollut kivien pudottua heidän päälleen. Tämä eroaa edellisestä siten, että kyseessä ei ollut maallisen esivallan toimeenpanema rangaistus vaan inhimillisesti katsoen tapaturma. Silti sitä voitiin pitää Jumalan toimeenpanemana rangaistuksena, koska mitään maailmassa ei tapahdu muuten kuin Jumalan tahdosta. Näin ollen Jumalan vihan saattoi havaita myös kaikissa niissä onnettomuuksissa, joiden hän antoi tapahtua ihmisille.

Päivän evankeliumista käy ilmi, että Jeesuksen aikana monet ihmiset todella ajattelivat näin. Lisäksi nämä katsoivat, että olivat jotenkin synnittömämpiä ja parempia kuin ne, joiden elämä oli saanut karmean lopun. Jeesus kuitenkin torjui jyrkästi tällaisen ajattelun; sen sijaan hän korosti, että jokainen ihminen on Jumalan edessä syntinen ja siksi kelvoton. Tunnettu keskiajan teologi Anselm Canterburylainen esitti aikoinaan synnistä, että se on kuin mereen heitettävä kivi; olipa se suuri tai pieni, raskas tai kevyt, se uppoaa ja vajoaa aina pohjaan asti. Samalla tavoin on myös synnin kohdalla; olipa se suuri tai pieni, se aina erottaa ihmisen Jumalasta ja johtaa lopulta kadotukseen. Asia on juuri niin kuin apostoli Paavali on roomalaiskirjeessään todennut: "*Kaikki ovat samassa asemassa, sillä kaikki ovat tehneet syntiä ja ovat vailla Jumalan kirkkautta.*" (Room. 3:22–23).

Mikä siis voi auttaa ihmistä? Jeesuksen sanojen mukaan ihmisten tulee kääntyä, jotta he välttäisivät Jumalan tuomion. Mitä sitten kääntyminen tarkoittaa? Raamatun alkutekstissä esiintyy tässä kreikankielen verbi *metanoe-oo*, jonka sananmukainen suomennos on "muuttaa mielensä ". Tässä siis Jeesus kehottaa ihmisiä muuttamaan mielensä, se on, ajatusmaailmansa siten, että se on Jumalan tahdon mukainen. Mitä tämä käytännössä merkitsee? Jeesus itse on antanut tähän vastauksen: "*Uskokaa Jumalaan ja uskokaa minuun.*" (Joh. 14:1). Meidän tulee täten uskossa luottaa ja turvautua Jumalan Poikaan, Herraamme ja Vapahtajaamme, koska vain hänessä on meidän kaikkien lunastus, syntiemme anteeksiantamus. "*Jumala on rakastanut maailmaa niin paljon, että antoi ainoan Poikansa, jottei yksikään, joka häneen uskoo, joutuisi kadotukseen, vaan saisi iankaikkisen elämän."* (Joh. 3:16). Kun meillä on usko Jumalaan ja Jeesukseen, olemme mieleltämme Jumalan tahdon mukaisia.

Jeesuksen kehotukseen kääntymisestä sisältyy mielenmuutoksen lisäksi myös jokapäiväisen elämän muutos. Ihminen ei voi uskoa Jumalaan ja Jeesukseen, mikäli hän elää jumalattomien tavoin. Aito usko tuottaa uskovan elämässä hyviä hedelmiä, jotka todistavat uskon aitouden. Uskoa eletään todeksi käytännön tekojen kautta. Jeesus itse on sanonut: *"Yksikään hyvä puu ei tee kelvotonta hedelmää eikä yksikään kelvoton puu hyvää hedelmää. Hedelmästään jokainen puu tunnetaan."* (Luuk. 6:43–44). Johannes Kastaja toimi Kristuksen tienraivaajana ja kutsui kansaa kääntymään isiensä Jumalan puoleen. Hän julisti näin: *"Tehkää hedelmää, jossa kääntymyksenne näkyy! Kirves on jo pantu puun juurelle. Jokainen puu, joka ei tee hyvää hedelmää, kaadetaan ja heitetään tuleen."* (Matt. 3:8,10). Päivän evankeliumi on Luukkaan teoksessa kohdassa, jota seuraa Jeesuksen vertaus viikunapuusta; se kertoo viikunapuusta, jolle annetaan vielä vuosi aikaa tuottaa hedelmiä ennen kuin se kaadetaan pois. Samalla tavoin on myös ihmisten kohdalla; heidän tulee muuttaa ajattelunsa ja tekonsa ennen kuin Jumalan armonaika tulee päätökseensä.

Rakkaat ystävät, Jeesus kutsuu meitä kaikkia muutokseen – niin ajattelun kuin käytännön tekojen tasolla. Jos haluamme todella olla Jumalan lapsia, meidän tulee elää hänen käskynsä mukaan. "*Tämä on hänen käskynsä: meidän tulee uskoa hänen Poikaansa Jeesukseen Kristukseen ja rakastaa toinen toistamme, niin kuin hän on meitä käskenyt.*" (1. Joh. 3:23). Silti me olemme syntisinä ihmisinä heikkoja ja vajaavaisia, ja jäämme kauas tästä tavoitteesta. Emme voi tuoda Jumalan eteen omaa uskoamme tai omia tekojamme, koska ne eivät itsessään ole koskaan riittäviä. Sen sijaan meidän tulee kerjäläisten tavoin rukoillen pyytää armoa Jumalalta. Meidän tulee rukoilla Jumalaa sen esikuvan mukaisesti, jonka profeetta Daniel on meille antanut. Hän rukoili näin: "*Me tuomme sinulle nöyrät pyyntömme, emme omaan vanhurskauteemme, vaan sinun suureen armoosi luottaen.*" (Dan. 9:18). Aamen.

5. sunnuntai pääsiäisestä
5.5.2024

Saarnateksti: Luuk. 11:5–13

"Armo teille ja rauha Jumalalta, meidän Isältämme, ja Herralta Jeesukselta Kristukselta!" (1. Kor. 1:3).

"Ohjaa lapsi heti oikealle tielle, niin hän vanhanakaan ei siltä poikkea." (Sananl. 22:6). Tässä Salomon sananlaskussa on suuri viisaus, koska se neuvoo vanhempia opettamaan lapselle oikean elämäntavan jo pienestä pitäen. Ne kokemukset, joita ihminen saa lapsuudessaan, vaikuttavat häneen koko elämän ajan. Tämä koskee niin

myönteisiä kokemuksia kuin myös kielteisiä. Jos lapsi pyytää vanhemmiltaan ruokaa ja hänelle annetaan sitä, tämä kokemus kasvattaa lapsen luottamusta omiin vanhempiin. Mutta jos lapsi saakin vanhemmiltaan ruuan sijaan jotain pahaa, hän traumatisoituu ja alkaa pelätä omia vanhempiaan. Lapsuus on merkittävä tekijä ihmisen persoonan syntymisessä.

Tämä vanhempien ja lasten välinen suhde on näkyvästi esillä tämän päivän evankeliumissa. Jeesus antaa esimerkin siitä, miten jopa pahat, synnin turmelemat ihmiset osaavat antaa omille lapsilleen hyviä lahjoja. *"Ei kai kukaan teistä ole sellainen isä, että antaa pojalleen käärmeen, kun poika pyytää kalaa? Tai skorpionin, kun hän pyytää munaa?"*. Kymmenen vuotta sitten, helmikuussa 2014, olin lomamatkalla Israelissa. Tämän matkan aikana teimme erilaisia retkiä, ja eräs niistä suuntautui Lotanin kibbutsille. Se oli omavarainen maatalousyhteisö, joka sijaitsi keskellä erämaata. Sen asukkaat tekivät töitä yhteisen hyvän edistämiseksi, esimerkiksi viljelemällä ruokakasveja ja rakentamalla asumuksia savesta. Meillä oli matkalla mukana suomalainen opas, joka itse asui Israelissa. Tutustuessamme Lotanin kibbutsiin olin itse aluksi varsin huolettomalla mielellä. Erityisen mukavaa oli mielestäni se, että siellä oli kissoja joka puolella. Retki sai kuitenkin pelottavan käänteen oppaan kerrottua, että kissojen tarkoitus on tappaa käärmeet ja skorpionit kibbutsin alueelta. Silloin tajusin, että olimme sellaisessa paikassa, jossa elää luonnonvaraisina myrkyllisiä käärmeitä ja skorpioneja. Retken loppuajan vilkuilin hyvin ahkerasti maahan ja katsoin tarkoin mihin jalallani astuin.

Päivän evankeliumissa Jeesus kehottaa pyytämään, etsimään ja kolkuttamaan. "*Pyytäkää, niin teille annetaan. Etsikää, niin te löydätte. Kolkuttakaa, niin teille avataan.*" Mitä meidän siis tulisi pyytää? Meidän tulee pyytää rukouksessa, että Isä Jumala lähettäisi meille taivaasta Pyhän Hengen, joka kirkastaa meille Jeesuksen Kristuksen, hänen rakkaan Poikansa. Entä mitä meidän tulisi etsiä? Profeetta Jesaja julisti aikoinaan Israelin kansalle: "*Etsikää Herraa, kun hänet vielä voi löytää, huutakaa häntä avuksi, kun hän on lähellä!*" (Jes. 55:6). Herra Jeesus julisti omana aikanaan Israelin kansalle: "*Aika on täyttynyt, Jumalan valtakunta on tullut lähelle. Kääntykää ja uskokaa hyvä sanoma!*" (Mark. 1:15). Meidän tulee siis uskon avulla etsiä Jumalaa, hänen ikuista valtakuntaansa ja kaikkea mikä on hänen. Tästä voidaan nähdä, mikä on se portti, jolle Jeesus kehottaa meitä kolkuttamaan: se on kapea portti, joka vie iankaikkiseen elämään, Karitsan häiden juhlapaikkaan.

Raamatussa kerrotaan siitä, miten Jumala johdatti Israelin kansaa erämaassa neljänkymmenen vuoden ajan. Heidän kanssaan oli Herra, Aabrahamin, Iisakin ja Jaakobin Jumala. Israelilaiset tiedostivat, että Jumala on heidän todellinen isänsä. Profeetta Jesaja lausuu Herralle: "*Sinähän olet meidän isämme, sillä Aabraham ei meistä tiedä eikä Israel meitä tunne: sinä, Herra, olet meidän isämme; "meidän Lunastajamme" on ikiajoista sinun nimesi.*" (Jes. 63:16). Mutta Herra, Israelin Jumala, on ennen kaikkea pyhä Isä; kuuliaisuus hänen tahdolleen tuo siunauksen, mutta sitä vastaan rikkominen tuo kirouksen. Israelilaiset kapinoivat erämaassa Herraa ja

Moosesta vastaan. Siksi Jumala lähetti kansan sekaan myrkkykäärmeitä, jotka purivat ja surmasivat monia israelilaisia. Silloin kansa kääntyi pois pahuudestaan ja Herra näytti Moosekselle pelastuksen tien. "*Mooses teki pronssista käärmeen ja pani sen tangon päähän. Kun ne, joita käärmeet olivat purreet, katsoivat pronssikäärmettä, he jäivät eloon.*" (4. Moos. 21:9). Jumala osoitti näin pyhyytensä ja armollisuutensa kansansa keskellä. Hän antoi tuomionsa niille, jotka vihasivat häntä, ja vastaavasti siunauksen niille, jotka rakastivat häntä. Erämaavaelluksen jälkeen Mooses puhui kansalle Jumalan suurista teoista: "*Hän johdatti teidät suureen ja pelottavaan autiomaahan, joka on täynnä myrkkykäärmeitä ja skorpioneja.* Mutta *tuossa kuivassa ja vedettömässä maassa hän antoi veden virrata esiin kovasta kalliosta ja ruokki teitä mannalla, jota isännekään eivät tunteneet. Hän kuritti teitä ja koetteli teitä, mutta kaiken jälkeen hän osoitti teille hyvyytensä.*" (5. Moos. 8:15–16).

Rakkaat ystävät, Jumala on meidän rakastava, taivaallinen Isämme. Hän on antanut meille hyvän lahjan, sen kaikkein parhaimman, ainoan Poikansa. Jeesus on sanonut: "*Niin kuin Mooses autiomaassa nosti käärmeen korkealle, niin on myös Ihmisen Poika korotettava, jotta jokainen, joka uskoo häneen, saisi iankaikkisen elämän."* (Joh. 3:14–15). Taivaallinen Isä on antanut meille ihmeellisen leivän, joka tuo meille ikuisen elämän. Jeesus sanoo: *"Totisesti, totisesti minä sanon teille: joka uskoo, sillä on iankaikkinen elämä. Minä olen elämän leipä. – – Minä olen se elävä leipä, joka on tullut alas taivaasta. Jos joku syö tätä leipää, hän elää iankaikkisesti. Ja se leipä, jonka minä annan, on minun lihani, maailman elämän puolesta."* (Joh. 6:47–51). Kun Jumala on antanut meille tällaisen lahjan, mitä voimme hänestä sanoa? Ainakin sen, että hän on hyvä ja rakastaa meitä kuin isä lapsiaan. Aamen.

4. sunnuntai pääsiäisestä
28.4.2024

Saarnateksti: Joh. 15:10–17

"*Armo teille ja rauha Jumalalta, meidän Isältämme, ja Herralta Jeesukselta Kristukselta!*" (1. Kor. 1:3).

Joitakin vuosia sitten olin automatkalla Porin ja Luvian välillä. Huomasin, että matkan varrella moniin sähköpylväisiin oli kiinnitetty julisteita. Niiden sisältö oli hyvin evankelioiva, koska niissä kaikissa aiheena oli Jeesus. Julisteita oli kahdenlaisia; toisissa esitettiin kysymys "*Jeesus tulee, oletko valmis?*", toisissa taas luki kehotus "*Valitse*

Jeesus, valitse ikuinen elämä". Näissä julisteissa nostetaan esiin kaksi kristinuskon totuuta: Jeesuksen tuleminen ja ikuinen elämä hänen yhteydessään.

Kuitenkin julisteiden sanomaan sisältyy myös näkökohtia, jotka ovat ongelmallisia päivän evankeliumin valossa. Siinä Jeesus puhuu opetuslapsilleen viimeistä kertaa, sinä yönä, jona hänet kavallettiin. Päivän teeman kannalta erityisen tärkeä on tämä Herran sana: "*Ette te valinneet minua, vaan minä valitsin teidät, ja minun tahtoni on, että te lähdette liikkeelle ja tuotatte hedelmää, sitä hedelmää joka pysyy*". Nämä Jeesuksen sanat soveltuvat kaikkiin niihin, jotka ovat hänen opetuslapsiaan. Herramme sanoo meille, että hän itse on valinnut meidät tästä maailmasta. Tällöin kyse on Jumalan valinnasta, ei meidän itse tekemästämme valinnasta. Aikaisemmin mainitsin evankelioivan julisteen, jossa luki "*Valitse Jeesus, valitse ikuinen elämä*". En tiedä kuka tämän julisteen oli laatinut ja kiinnittänyt sähköpylvääseen. Sisältönsä puolesta se heijastaa vapaiden suuntien kristillisyydelle tyypillistä näkemystä, jonka mukaan usko Jumalaan ja Jeesukseen on valinta. Tällöin ajatellaan, että ihminen voi päättää vapaasta tahdostaan uskooko hän vai ei. Kuitenkaan tämä ei sovi yhteen päivän evankeliumin kanssa, jossa Jeesus sanoo itse valinneensa opetuslapsensa. Luterilaisen kirkkomme

Tunnustuskirjoissa korostetaan, että vain Jumalan Pyhä Henki voi synnyttää ihmisessä uskon Jumalaan ja Jeesukseen. Jeesus itse on sanonut: "*Se on Jumalan teko, että te uskotte häneen, jonka Jumala on lähettänyt.*" (Joh. 12:29). Onko usko siis teko? Jeesuksen sanojen valossa kyllä on, mutta se ei ole meidän tekomme, vaan Jumalan teko meissä, Pyhän Hengen työtä. Näin ollen kristillinen usko ei ole meidän itsemme ja oman voimamme varassa. Sen sijaan sitä kannattelee voima, joka ei ole lähtöisin meistä itsestämme, Jumalan voima. Juuri tätä oikeaa uskon perustusta on myös apostoli Paavali kirjeissään opettanut näin sanoin: "*Puheeni ja julistukseni ei pyrkinyt vakuuttamaan viisaudellaan vaan ilmensi Jumalan Hengen voimaa, jotta teidän uskonne ei perustuisi ihmisten viisauteen vaan Jumalan voimaan."* (1. Kor. 2:4–5).

Päivän evankeliumissa Jeesus puhuu myös niistä hedelmistä, joita hän tahtoo opetuslastensa tuottavan elämässään. Vähän aikaisemmin Jeesus on esittänyt vertauksensa viiniköynnöksestä ja sen oksista. *"Minä olen viinipuu, te olette oksat. Se, joka pysyy minussa ja jossa minä pysyn, tuottaa paljon hedelmää. Ilman minua te ette saa aikaan mitään."* (Joh. 15:5). Tässä vertauksessa Jeesus on viiniköynnös. Opetuslapset ovat oksia, jotka pysyvät Jeesuksessa uskon kautta. Silloin he tuottavat runsaasti viinirypäleitä, uskon hyviä hedelmiä. Nämä ovat Hengen hedelmiä, jotka apostoli Paavali mainitsee kirjeessään galatalaisille. Hän kirjoittaa: "*Hengen hedelmää ovat rakkaus, ilo, rauha, kärsivällisyys, ystävällisyys, hyvyys, uskollisuus, lempeys ja itsehillintä.*" (Gal. 5:22–23). Tässä Paavalin listassa rakkaus on ensimmäisenä, koska se on kaikista Hengen hedelmistä suurin ja tärkein. Päivän evankeliumissa Jeesus antaakin opetuslapsilleen käskyn: "*Rakastakaa toisianne, niin kuin minä olen rakastanut teitä*". Kun kristityillä on rakkaus toisiaan kohtaan, he antavat näkyvän todistuksen siitä, että he ovat Kristuksen omia. Näin käyvät toteen Jeesuksen sanat: "*Kaikki tuntevat teidät minun opetuslapsikseni, jos te rakastatte toisianne.*" (Joh. 13:35).

Saarnani aluksi kerroin julisteesta, jossa oli esitettynä kysymys "*Jeesus tulee, oletko valmis?*". Niin, miten voimme olla valmiina Kristuksen tulemiseen? Meidän tulee valvoa uskossa, iloita toivossa ja elää rakkaudessa.

Herra Jeesus sanoo meille, opetuslapsilleen: "*Älköön sydämenne olko levoton. Uskokaa Jumalaan ja uskokaa minuun. Minun Isäni kodissa on monta huonetta - enhän minä muuten sanoisi, että menen valmistamaan teille asuinsijan. Minä menen valmistamaan teille sijaa mutta tulen sitten takaisin ja noudan teidät luokseni, jotta saisitte olla siellä missä minä olen."* (Joh. 14:1–3).

Rakkaat ystävät, Jumala on kutsunut meidät elämään Kristuksen yhteydessä. Jeesus sanoo: "*Minä olen maailman valo. Se, joka seuraa minua, ei kulje pimeässä, vaan hänellä on elämän valo.*" (Joh. 8:12). Kun me vaellamme Kristuksen yhteydessä, noudatamme hänen sanaansa ja myös kannamme hyvää hedelmää, kaikki tämä kirkastaa taivaallista Isää. Jeesus sanoo: "*Te olette maailman valo. Ei kaupunki voi pysyä kätkössä, jos se on ylhäällä vuorella. Eikä lamppua, kun se sytytetään, panna vakan alle, vaan lampunjalkaan. Siitä sen valo loistaa kaikille huoneessa oleville. Näin loistakoon teidänkin valonne ihmisille, jotta he näkisivät teidän hyvät tekonne ja ylistäisivät Isäänne, joka on taivaissa."* (Matt. 5:14–16). Kun meillä on usko Jeesukseen ja teemme rakkauden tekoja Pyhän Hengen voimalla, jokainen meistä heijastaa Kristuksen valoa tässä maailmassa, niin kuin tähdet yötaivaalla. Synnin ja pimeyden maailma vihaa meitä, jotka olemme Kristuksen omia. Meidän ei kuitenkaan tarvitse pelätä, sillä Herramme on luvannut: *"Minä olen teidän kanssanne kaikki päivät maailman loppuun asti."* (Matt. 28:20). Aamen.

1. sunnuntai pääsiäisestä 7.4.2024

<u>Saarnateksti: Luuk. 24:36–49</u>

"Armo teille ja rauha Jumalalta, meidän Isältämme, ja Herralta Jeesukselta Kristukselta!" (1. Kor. 1:3).

"Sinä kyllä luet, mutta mahdatko ymmärtää?" (Ap. t. 8:30). Tällä tavoin evankelista Filippus puhutteli etiopialaista hoviherraa, joka luki profeetta Jesajan kirjaa. Tämä arvovaltainen mies pyysi tälle tekstille selitystä, ja Filippus antoi sen julistamalla evankeliumia Jeesuksesta Kristuksesta. Tämän johdosta hoviherra tuli uskoon ja

Filippus kastoi hänet Herran nimeen. Näin tapahtui siksi, että hän uskoi Jumalan profeetan antaman todistuksen Kristuksesta, Jumalan Pojasta.

Raamatun pyhien kirjoitusten merkitys Kristuksen todistajana tulee selvästi esille päivän evankeliumissa. Siinä kuollut ja ylösnoussut Herra Jeesus ilmestyy opetuslapsilleen suljettujen ovien takana, viikon ensimmäisen päivän iltana. Teksti osoittaa meille, ketkä ovat ylösnousseen Kristuksen todistajat. Ensimmäinen näistä on Jeesus itse: hän ilmestyy apostoleille, näyttää käsissään ja jaloissaan olevat naulanjäljet, ja syö paistettua kalaa. Näin Jeesus todistaa olevansa Kristus, todella kuollut ja todella ylösnoussut – fyysisenä ruumiina, ei eteerisenä henkenä. Tämä ylösnousseen Kristuksen kohtaaminen saa opetuslapset vakuuttuneiksi siitä, että hän todella on elävän Jumalan Poika. Viikkoa myöhemmin myös epäileväinen Tuomas on muiden opetuslasten seurassa, näkee ylösnousseen Jeesuksen, uskoo ja sanoo: "*Minun Herrani ja Jumalani!*" (Joh. 20:28).

Toisena todistajana Kristus nostaa esiin Raamatun. Jeesuksen aikana juutalaiset kutsuivat sitä yhteisnimityksellä "Laki, Profeetat ja Kirjoitukset", jota myös Herra itse käyttää. Tällä tavoin hän osoittaa, että kaikki Raamatun kirjoitukset ovat hänen todistajiaan ja puhuvat hänestä. Martti Luther totesi aikoinaan, että "Kristus on Raamatun Herra", ja että "Raamattu ajaa kaikilta osiltaan Jeesusta Kristusta". Hän esitti myös, että Raamattua tulee aina lukea sen keskuksesta eli Kristuksesta käsin, kristosentrisesti. Lutherin mukaan oikeaa raamatunselitystä on se, joka ajaa Kristusta ja edistää uskoa häneen. Juuri tällaista hermeneutiikkaa eli tukintaoppia Jeesus opettaa apostoleilleen päivän evankeliumissa. Hän avaa opetuslasten mielet käsittämään, että Raamatun tekstit todistavat Kristuksesta, jonka piti kärsiä, kuolla ja ylösnousta kolmantena päivänä.

Kun Lakia, Profeettoja ja Kirjoituksia luetaan Kristuksesta käsin, niiden antama todistus on selkeästi nähtävissä. Mooses antoi Israelin kansalle lupauksen, joka kertoo Kristuksen roolista Jumalan sanan tuojana: "*Herra, teidän Jumalanne, antaa veljienne joukosta nousta profeetan, joka on minun kaltaiseni. Häntä teidän tulee kuunnella.*" (5. Moos. 18:15). Profeetta Jesaja katsoi tulevaisuuteen ja näki kärsivän ja ylösnousevan Kristuksen. "*Herra näki hyväksi, että hänet ruhjottiin, että hänet lävistettiin. Mutta kun hän antoi itsensä sovitusuhriksi, hän saa nähdä sukunsa jatkuvan, hän elää kauan, ja Herran tahto täyttyy hänen kauttaan. Ahdistuksensa jälkeen hän näkee valon, ja Jumalan tunteminen ravitsee hänet. Minun* vanhurskas palvelijani tekee vanhurskaiksi monet, heidän pahat tekonsa hän kantaa." (Jes. 53:10–11). Psalmien kirjassa Daavid laulaa Pyhän Hengen inspiroimana Israelin tulevasta kuninkaasta, Kristuksesta, joka nousee taivaalliselle valtaistuimelle ja istuutuu itsensä Jumalan oikealle puolelle. *"Herra sanoi minun Herralleni: "Istu minun oikealle puolelleni, kunnes minä panen sinun vihollisesi sinun jalkojesi astinlaudaksi. Herra ojentaa sinun valtasi valtikan Siionista; hallitse vihollistesi keskellä. Altis on sinun kansasi sinun sotaanlähtösi päivänä: pyhässä asussa sinun nuori väkesi nousee eteesi, niinkuin kaste aamuruskon helmasta. Herra on vannonut eikä sitä kadu: "Sinä olet pappi iankaikkisesti, Melkisedekin järjestyksen mukaan".*" (Ps. 110:1–4).

Jeesuksen aikana juutalaiset oppineet lukivat ja tutkivat innolla Raamatun kirjoja. He pitivät niitä elävän Jumalan sanana, ja näin myös Jeesus itse ajatteli Raamatusta. Miksi sitten monet juutalaiset eivät häneen uskoneet? Koska heidän sydämensä olivat pahat ja epäuskon paaduttamat. Jeesus itse antoi todistuksen epäuskoista ja paatunutta Israelin kansaa vastaan: "*Te kyllä tutkitte kirjoituksia, koska luulette niistä löytävänne ikuisen elämän -- ja nehän juuri todistavat minusta. Älkää luulko, että minä teitä Isäni edessä syytän. Teidän syyttäjänne on Mooses, hän, johon olette panneet toivonne.*

Jos te uskoisitte Moosesta, uskoisitte myös minua -- juuri minusta hän on kirjoittanut. Mutta kun te ette usko hänen kirjoituksiaan, kuinka voisitte uskoa minun puhettani!" (Joh. 5:39,45–47). Apostoli Paavali, joka kantoi sydämessään surua ja tuskaa kansansa epäuskon vuoksi, kuvasi heidän tilaansa näin: "*Heidän mielensä paatuivat. Sama peite pysyy edelleenkin paikoillaan, kun he lukevat vanhan liiton kirjoituksia, sillä vasta Kristus sen poistaa. Yhä vieläkin heidän sydämensä päällä on peite Mooseksen lakia luettaessa. Mutta kun heidän sydämensä kääntyy Herran puoleen, peite otetaan pois.*" (2. Kor. 3:14–16). Paavali opettaa tässä, että

Raamattua voidaan ymmärtää oikein vain Kristuksesta käsin.

Rakkaat kristityt, meidän tulee uskossa kuulla ja pitää kaikki, mitä Jumala opettaa meille. Kun me uskon kautta pyhitämme Herran Kristuksen sydämessämme, hän lähettää meille todistajaksi Pyhän Hengen, joka tekee myös meidät Jeesuksen todistajiksi. Jeesus antoi opetuslapsilleen lupauksen: "*Te saatte Puolustajan; minä lähetän hänet Isän luota. Hän, Totuuden Henki, lähtee Isän luota ja todistaa minusta. Myös te olette minun todistajiani, olettehan olleet kanssani alusta asti.*" (Joh. 15:26–27). Kun me uskomme, tämä kaikki on mahdollista, sillä Jumalan sana on luja ja varma, ikuinen totuus. Aamen.

Palmusunnuntai 24.3.2024

<u>Saarnateksti: Matt. 21:12–22</u>

"Armo teille ja rauha Jumalalta, meidän Isältämme, ja Herralta Jeesukselta Kristukselta!" (1. Kor. 1:3).

"Totuus kuullaan lasten ja imeväisten suusta". Tämä lausahdus on varmasti monelle meistä hyvin tuttu. Sen avulla on ilmaistu arkielämästä koettu tosiasia, että lapsilla on taipumus sanoa suoraan miten asiat ovat, yhtään kiertelemättä tai kaartelematta. Tämä nousee esille myös päivän evankeliumissa, jossa lapset huutavat ylistystä Jeesukselle. Matteuksen

evankeliumissa on juuri äskettäin kerrottu siitä, miten Jeesus ratsasti Jerusalemiin ja kansa ylisti häntä Hoosianna-huudoin. Nyt taas lapset ylistävät Jeesusta temppelissä aivan samoilla sanoilla, huutaen ja ylistäen "*Hoosianna, Daavidin Poika!*". Näin he antavat todistuksen uskostaan kaiken Israelin kansan edessä.

Nämä lasten ylistyshuudot herättävät pahennusta ylipappien ja lainopettajien keskuudessa. He menevät Jeesuksen luokse ja esittävät hänelle valituksensa. Mutta Jeesus osoittaa heille, että nämä lasten ylistyshuudot pitävät yhtä pyhien kirjoitusten, se on, Jumalan sanan kanssa. Hän lainaa Psalmin 8 tekstiä, jossa on kirjoitettuna:

"*Lasten ja imeväisten huudot todistavat sinun voimastasi. Ne ovat kilpenä jumalattomia vastaan, ne vaientavat vihamiehen ja kostoa janoavan.*" (Ps. 8:3). Näin Jeesus hyväksyi lasten ylistyksen ja antoi heidän jatkaa sitä kaikessa rauhassa.

Päivän evankeliumissa kuvattu kohtaus ylipappien ja lainopettajien kanssa tuo mieleen erään toisen aiemman tapauksen Jeesuksen elämässä. Evankelista Matteus kuvaa sen näin: "*Jeesuksen luo tuotiin lapsia, jotta hän panisi kätensä heidän päälleen ja rukoilisi. Opetuslapset moittivat tuojia, mutta Jeesus sanoi: "Antakaa lasten olla, älkää estäkö heitä tulemasta minun luokseni. Heidän kaltaistensa on taivasten valtakunta.*"

Hän pani kätensä heidän päälleen. Sitten hän lähti sieltä." (Matt. 21:13–15). Jeesus antoi lasten ja imeväisten tulla luokseen, jotta he saisivat Jumalan siunauksen. Temppelissä Jeesus antoi lasten ja imeväisten huutaa ylistystä, jotta myös he tulisivat Jumalan siunaamiksi. Tämä kaikki oli hyvin ja oikein Jumalan silmissä.

Nykyisin on valitettavan tavallista, että lasten tuominen Jeesuksen luo halutaan estää. Maallistumisen ja sekularisaation seurauksena suomalainen yhteiskunta on muuttunut yhä enenevässä määrin uskonnoille vihamieliseksi, aivan erityisesti kristinuskolle. Vanhempia halutaan kieltää kastamasta lapsiaan ja opettamasta heille

Jeesuksesta. Tätä perustellaan sillä, että lapsi ei ole saanut valita mihin uskontoon hänet liitetään. Siksi lapselle ei saisi opettaa mitään uskontoa, jotta hän voisi itse valita sen aikuisena. Mutta tällöin jää huomaamatta, että lapsi ei ole myöskään saanut valita uskonnotonta kasvatusta. Kyse on tekopyhästä teeskentelystä, jonka taustalla vaikuttaa epäusko Jumalaa ja Jeesusta kohtaan. Tähän syntiin tulevat syyllisiksi niin nykyiset kristinuskon vastustajat kuin Jeesuksen ajan ylipapit ja lainopettajat. He kaikki haluavat estää lapsia tulemasta kasteessa ja uskossa Jeesuksen luo ja ylistämästä häntä seurakunnassa Hoosianna-hymnin sanoin.

Päivän evankeliumin alussa oleva temppelinpuhdistus ja lopussa esitetty viikunapuun kiroaminen ovat näyteltyjä vertauksia Jumalan vihasta, joka kohtaa epäuskoista Israelin kansaa. Jerusalemin temppeli oli pyhitetty jumalanpalvelukseen, mutta siitä oli tehty halpa markkinapaikka. Siksi Jeesus otti käteensä ruoskan ja ajoi kaupantekijät tiehensä Isänsä huoneesta. Viikunapuu kuvastaa Israelin kansaa, jonka olisi pitänyt tuottaa uskon hyviä hedelmiä. Mutta kun tuli sen etsikkoaika, ei siitä löytynyt lainkaan hedelmää. Siksi tämä hedelmätön viikunapuu – epäuskoinen Israelin kansa – sai päälleen Jumalan langettaman kirouksen, joka merkitsee tuomiota ja rangaistusta.

Jumalan tuomiosta ei voi valittaa eikä hänen rangaistustaan välttää. Edes viikunapuu ei ollut turvassa Jumalan vihalta – miten sitten onkaan syntisen ihmisen laita!

Palmusunnuntai ilmaisee meille, mikä on kristillisen elämän tarkoitus. Meidän kaikkien tulee seistä uskossa omalla paikallamme, *"katse suunnattuna Jeesukseen, uskomme perustajaan ja täydelliseksi tekijään."* (Hepr. 12:2). Tämän uskon me tunnustamme niin kirkollisten uskontunnustusten kuin myös virsien, hymnien ja laulujen sanoin. Hoosianna on hepreankielinen ylistys, jonka avulla Israelin kansa huusi Jumalaa avukseen. Profeetta Jooelin kirjassa on kirjoitettuna: *"Jokainen, joka huutaa avukseen Herran nimeä, pelastuu."* (Jooel 3:5). Jeesuksen tuleminen Jerusalemiin ja sen temppeliin merkitsi niiden lupausten täyttymistä, jotka Jumala oli kansalleen antanut. Pappi Sakarias – Johannes Kastajan isä – täyttyi Pyhällä Hengellä ja hän profetoi sanoen: *"Ylistetty olkoon Herra, Israelin Jumala! Armossaan hän on katsonut kansansa puoleen ja valmistanut sille lunastuksen. Väkevän pelastajan hän on nostanut meille palvelijansa Daavidin suvusta, niin kuin hän ikiajoista asti on luvannut pyhien profeettojensa suulla."* (Luuk. 2:68–70).

Rakkaat ystävät, Jumala on kutsunut meidät elämään yhteydessään ja olemaan kuuliaiset hänen tahdolleen. "*Tämä on hänen käskynsä: meidän tulee uskoa hänen Poikaansa Jeesukseen Kristukseen ja rakastaa toinen toistamme, niin kuin hän on meitä käskenyt.*" (1. Joh. 3:23). Siksi me saamme tänä palmusunnuntaina ylistää Jumalaa ja tunnustaa uskoa Jeesukseen. "*Kaikki, mikä on syntyisin Jumalasta, voittaa maailman. Ja tämä on se voitto, tämä on maailman voittanut: meidän uskomme. Kuka sitten voittaa maailman, ellei se, joka uskoo, että Jeesus on Jumalan Poika?*" (1. Joh. 5:4–5). Aamen.

2. paastonajan sunnuntai
25.2.2024

Saarnateksti: Luuk. 7:36–50

"Armo teille ja rauha Jumalalta, meidän Isältämme, ja Herralta Jeesukselta Kristukselta!" (1. Kor. 1:3).

"Jos puu on hyvä, sen hedelmäkin on hyvä, mutta jos puu on huono, sen hedelmäkin on huono. Hedelmästään puu tunnetaan." (Matt. 12:33). Tämä Jeesuksen esittämä vertaus viittasi hänen aikanaan Lähi-idän kasveihin ja puihin, joista tärkeimmät olivat viiniköynnös ja viikunapuu. Nykypäivän Suomessa tätä on mahdollista

soveltaa omenapuuhun, joka löytyy varsin monen kodin puutarhasta. Tässä Jeesuksen vertauksessa puut ovat ihmisiä ja hedelmät käytännön asioita, joita heidän elämässään ilmenee. Kristityn elämän tulee ilmentää niitä hyviä asioita, jotka Pyhä Henki lahjoittaa. Näistä apostoli Paavali puhuu kirjeessään galatalaisille, jossa hän opettaa näin: *"Hengen hedelmä on rakkaus, ilo, rauha, kärsivällisyys, ystävällisyys, hyvyys, uskollisuus, lempeys ja itsehillintä."* (Gal. 5:22–23). Rakkaus on mainittu ensiksi, sillä se on lahjoista suurin.

Päivän evankeliumina on kertomus siitä, miten Jeesus kohtaa syntisen naisen ollessaan aterialla erään Simon-nimisen fariseuksen luona. Fariseuksille oli tärkeää Mooseksen lain tarkka noudattaminen, sillä näin he uskoivat palvelevansa Israelin Jumalaa hyvin ja oikein. Aivan erityisesti he korostivat opetuksessaan laissa olevia puhtaussäädöksiä ja halusivatkin tarkasti välttää saastuttamasta itseään. Päivän evankeliumissa syntinen nainen tulee ja koskee Jeesuksen jalkoihin. Aterian isäntä näkee tämän ja loukkaantuu sen tähden Jeesukseen; fariseuksena hän ei voinut kuvitella, että yksikään todellinen Jumalan mies antaisi itsensä saastua syntisen naisen kosketuksesta. Mutta Jeesus antaa Simonille opetuksen siitä, miten armollinen Jumala kohtaa syntisen ihmisen.

Mitä tämä kertomus siis tarkoittaa? Vastaus löytyy kun katsotaan Jeesuksen sanoja "*hän sai paljot syntinsä anteeksi, sen vuoksi hän rakasti paljon.*" Nykyinen raamatunkäännös ei ole tässä kohden riittävän tarkka. Kreikankielinen alkuteksti kuuluu sananmukaisesti: "*Hänen paljot syntinsä on annettu anteeksi, koska hän rakasti paljon.*" Kertomuksessa on näin ollen kyse naisen syntien anteeksiannosta, jota edeltää tämän osoitus rakkaudestaan Jeesusta kohtaan. Nämä kuuluvat yhteen.

Mutta onko rakkaus tässä se, joka tuo naiselle syntien anteeksiannon? Ei toki. Päivän evankeliumi päättyy siihen, että Jeesus lausuu naiselle: "*Uskosi on pelastanut sinut. Mene rauhassa.*" Näistä sanoista voimme havaita, että naisen usko on kertomuksessa kaikkein tärkein tekijä; sen johdosta hän tulee Jeesuksen luokse ja osoittaa syvää rakkautta häntä kohtaan. Luterilaisiin tunnustuskirjoihin kuuluvassa Augsburgin tunnustuksen puolustuksessa on selitetty tämän päivän evankeliumia seuraavasti: "*Tämä kertomus osoittaa tässä kohdassa, mitä Kristus sanoo rakkaudeksi. Nainen tuli siinä vakaumuksessa, että juuri Kristukselta on etsittävä syntien anteeksiantamusta. Näin hän osoittaa Kristukselle kaikkein suurinta kunnioitusta. Suurempaan arvoon hän ei olisi voinutkaan häntä asettaa. Tässähän hän todella tunsi hänet Messiaaksi, kun etsi häneltä syntien anteeksiantamusta. Tämä juuri on oikeaa uskoa, että näin ajatellaan Kristuksesta, näin häntä kunnioitetaan ja näin hänet käsitetään.*" (Augsburgin tunnustuksen puolustus, IV). Asia on juuri siten kuin apostoli Paavali on esittänyt Galatalaiskirjeessään sanoen: "*Ainoa tärkeä on rakkautena vaikuttava usko.*" (Gal. 5:6).

Naisen rakkaus Jeesusta kohtaan liittyy olennaisesti kysymykseen lain kaikkein suurimmasta käskystä. Kun eräs fariseus kysyi tätä Jeesukselta, hän vastasi näin: "*Rakasta Herraa, Jumalaasi, koko sydämestäsi, koko sielustasi ja mielestäsi. Tämä on käskyistä suurin ja tärkein. Toinen yhtä tärkeä on tämä: Rakasta lähimmäistäsi niin kuin itseäsi."* (Matt. 22:37–39). Kyseessä on hyvin tunnettu rakkauden kaksoiskäsky. Sen mukaan ihmisen tulee ensiksi rakastaa Jumalaa yli kaiken muun, jotta hän voisi rakastaa lähimmäistään kuten itseään. Päivän evankeliumissa syntisen naisen rakkaus Jeesusta kohtaan täyttää Jumalan lain suurimman käskyn; Jeesus Kristus on tosi Jumala ja tosi ihminen. Näin ollen rakkaus Jeesukseen on samanaikaisesti rakkautta sekä Jumalaa että lähimmäistä kohtaan. Syntinen nainen näki Jeesuksessa niin lähimmäisensä kuin myös Jumalansa. Hän tuli etsimään syntiensä anteeksiantoa Jeesukselta Kristukselta, joka oli sanonut:

"Ihmisen Pojalla on valta antaa maan päällä syntejä anteeksi." (Mark. 2:10). Kun Jeesus sitten antoi naiselle tämän synnit anteeksi, muut ateriallaolijat joutuivat ihmetyksen valtaan: Kuka tämä mies on, joka antaa synnit anteeksi? Onko hän itse Jumala, joka ainoastaan voi antaa synnit anteeksi? Me tiedämme tähän vastauksen, jonka Pyhä Henki ilmoittaa meille kaikille.

Rakkaat ystävät, Jeesus kutsuu meitä uskoon, toivoon ja rakkauteen. Kun meillä on usko Jeesukseen, Jumala lahjoittaa meille tulevaisuuden ja toivon. Nämä ihmeelliset armolahjat me saamme kokea jo tässä elämässä. "*Jumalan rakkaus on vuodatettu meidän sydämiimme Pyhän Hengen kautta, joka on meille annettu."* (Room. 5:5). Syntisen naisen tavoin me saamme uskossa tulla Jeesuksen luokse, rukoilla häneltä syntiemme anteeksiantoa ja osoittaa rakkautta Vapahtajaa kohtaan kaikesta sydämestämme. Uskon kautta me olemme hyviä puita, jotka kantavat hyvää hedelmää – rakkauden kaksoiskäskyn hedelmää – Jumalalle kiitokseksi ja kunniaksi. "*Meillä on sama uskon Henki, josta on kirjoitettu: 'Minä uskon, ja siksi puhun.' Niin mekin puhumme, koska uskomme.*" (2. Kor. 4:13). Aamen.

3. sunnuntai ennen paastoa 28.1.2024

Saarnateksti: Luuk. 17:7–10

"Armo teille ja rauha Jumalalta, meidän Isältämme, ja Herralta Jeesukselta Kristukselta!" (1. Kor. 1:3).

"Joka itsensä ylentää, se alennetaan, ja joka itsensä alentaa, se ylennetään." (Luuk. 14:11). Nämä Jeesuksen sanat ilmaisevat meille, millainen ihminen löytää armon Jumalan edessä. Itsensä alentaminen on merkki nöyryydestä, itsensä ylentäminen merkitsee taas ylpeyttä. Raamatussa on selkeästi sanottu, että *"Jumala on ylpeitä*

vastaan, mutta nöyrille hän antaa armon." (1. Piet. 5:5). Kuitenkin ihmiseltä helposti jää hämärän peittoon se, millaista on aito ja rehellinen nöyryys Jumalan edessä.

Päivän evankeliumissa saimme kuulla Jeesuksen vertauksen palvelijasta, joka on hyödyllinen isännälleen. Palvelija tekee uskollisesti kaiken sen, mitä hänen tehtäviinsä kuuluu. Hän ei täytä isäntänsä tahtoa siksi, että saisi kerättyä itselleen ansioita, kunniaa tai kiitosta, vaan siksi, että hän tietää omat velvollisuutensa. Ja juuri tällaisen palvelijan Jeesus asettaa opetuslapsilleen esikuvaksi, jonka kaltaisia myös heidän tulee olla.

Tässä vertauksessa erityisen kiintoisaa on se, että palvelijat sanovat isännälleen: "*Me olemme arvottomia palvelijoita.*" Tässä kohdassa kreikankielisessä alkutekstissä on käytetty adjektiivia *akhreios*, jonka nykyinen kirkkoraamattu on suomentanut "arvottomaksi". Tämä ei ole kuitenkaan paras käännös, sillä kreikan *akhreios* tarkoittaa sananmukaisesti "käyttökelvotonta" ja "hyödytöntä". Muualla Uudessa testamentissa sana esiintyy vain yhden kerran, Jeesuksen vertauksessa palvelijoille uskotuista rahoista. Siinä on kerrottu palvelijasta, joka ei ole ollut hyödyksi isännälleen. Siksi isäntä sanoo: "*Heittäkää tuo kelvoton palvelija ulos pimeyteen. Siellä*

itketään ja kiristellään hampaita." (Matt.
25:30). Oman arvioni mukaan myös päivän
evankeliumissa palvelijat sanovat olevansa
"kelvottomia", kuten on käännetty vanhassa
Bibliassa.

Päivän epistolatekstissä apostoli Paavali
puhui erilaisista astioista, jotka Jumala on
tehnyt erilaista käyttöä varten – toiset
arvokkaaseen ja toiset arvottomaan. Tässä
Paavalin vertauksessa astiat ovat ihmisiä,
joita Jumala käyttää erilaisiin tarkoituksiin.
Kuitenkin se, millainen astia ihminen on, voi
vaihdella hänen elämänsä aikana suuresti.
Tämä tulee esille siinä Paavalin
opetuksessa, jossa hän sanoo työtoverilleen
Timoteukselle tällä tavoin: "*Suuressa*

taloudessa ei ole vain kultaisia ja hopeisia astioita vaan myös puusta ja savesta tehtyjä. Toiset on tarkoitettu arvokkaisiin tilaisuuksiin, toiset arvottomiin tehtäviin. Se, joka puhdistaa itsensä, on arvokkaaseen käyttöön tarkoitettu astia. Hän on pyhitetty, isännälle hyödyllinen ja kaikkiin hyviin tarkoituksiin sopiva." (2. Tim. 2:20–21). Tässä Paavalin vertauksessa arvokas astia on palvelija, joka on isännälleen hyödyksi. Jeesus tahtoo opetuslastensa olevan näitä astioita, uskollisia Jumalan palvelijoita.

Päivän evankeliumissa tulee selkeästi esille, että palvelijoiden tulee pitää itseään kelvottomina isäntänsä edessä. Miksi näin tulee olla? Siksi, että yksikään Kristuksen seuraaja ei kuvittelisi voivansa kerätä omilla teoillaan ansioita Jumalan edessä. Sen sijaan me uskomme ja julistamme, että Jumala on katsonut meidät edessään vanhurskaiksi "*yksin uskosta, yksin armosta, yksin Kristuksen tähden*". Uskonpuhdistajamme Martti Luther kirjoitti aikoinaan teoksen *Kristityn vapaudesta*, jossa hän lausuu uskosta ja teoista seuraavasti: "*Mutta niin kuin usko tekee hurskaaksi, se tekee myös hyviä tekoja. Mutta jos nyt teot eivät tee ketään hurskaaksi ja jos ihmisen hyvää tehdäkseen täytyy ensin olla hurskas, niin on ilmeistä, että yksin usko sulasta armosta, Kristuksen ja hänen sanansa välityksellä tekee persoonan hurskaaksi ja autuaaksi. Samoin on selvää, ettei mikään teko eikä käsky ole kristitylle välttämätön autuuden saavuttamiseksi, vaan hän on vapaa kaikista käskyistä ja tekee sulasta vapaudesta ja ilmaiseksi kaiken, mitä tekee, etsimättä sillä lainkaan omaa hyötyään tai autuuttaan. Hänhän on jo kylläinen ja autuas uskonsa kautta ja Jumalan armosta sekä tahtoo teoillaan vain miellyttää Jumalaa.*" Tässä Luther tuo hyvin esille, että uskon kautta vanhurskas kristitty on vapaa palvelemaan Jumalaa. Hänen tekonsa ovat Jumalan edessä hyviä ja otollisia ainoastaan Kristuksen tähden. Tämän on myös Jeesus itse opettanut vertauksellaan viinipuusta: "*Minä olen viinipuu, te olette oksat. Se, joka pysyy minussa ja jossa minä pysyn, tuottaa paljon hedelmää. Ilman minua te ette saa aikaan mitään."* (Joh. 15:5).

Rakkaat ystävät, Jumala on kutsunut meidät elämään yhteydessään. Meidän tulee ymmärtää ja tunnustaa, että Jumalan edessä kelpaava nöyryys ei ole ulkonaista vaan sisäistä: siinä on kyse oikeanlaisesta mielentilasta, joka saa suhtautumaan oikein niihin hyviin tekoihin, joita omassa elämässämme ilmenee uskon myötä. Päivän evankeliumi opettaa meille, että Jumalan tahdon mukainen elämä on jokaisen kristityn velvollisuus. Meidät on kutsuttu palvelemaan niin Jumalaa kuin myös kaikkia lähimmäisiämme. Tämän ei kuitenkaan tule olla meille taakka ja rasite, vaan ennen kaikkea suuri ilo. Se Jumalan armo, joka meille on Kristuksessa annettu, on loppumattoman ilon ja riemun lähde. Tästä nousee sydämen halu palvella Jumalaa, sillä kristittyinä tahdomme antaa vastinetta hänen hyvyydestään – ja aivan ilmaiseksi! Koska meillä on usko Herraan Jeesukseen, olemme myös kutsutut siihen palvelutyöhön, joka oli hänen elämänsä keskiössä. Jeesus sanoo: *"Ottakaa minun ikeeni harteillenne ja katsokaa minua: minä olen sydämeltäni lempeä ja nöyrä. Näin teidän sielunne löytää levon. Minun ikeeni on hyvä kantaa ja minun*

kuormani on kevyt." (Matt. 11:29–30).
Aamen.

12. sunnuntai helluntaista
20.8.2023

Saarnateksti: Matt. 21:28–32

"*Armo teille ja rauha Jumalalta, meidän Isältämme, ja Herralta Jeesukselta Kristukselta!*" (1. Kor. 1:3).

"*Ei Jumala hyväksy vanhurskaiksi niitä, jotka vain kuulevat lain sanoja, vaan vanhurskaiksi julistetaan ne, jotka myös noudattavat lakia.*" (Room. 2:13). Roomalaiskirjeessään apostoli Paavali tuo selkeästi esille, että Jumalan laki vaatii ihmistä toteuttamaan sen omassa elämässään, sen kaikilla osa-alueilla.

Apostolin mukaan tämä ei kuitenkaan ole mahdollista, koska jokainen ihminen tekee syntiä Jumalaa vastaan ja rikkoo hänen lakinsa. Siksi ihminen ei voi tulla vanhurskaaksi lakia noudattamalla, vaan yksin Jumalan armosta. Tästä armosta pääsee osalliseksi jokainen, joka uskoo Jeesukseen Kristukseen, Herraan ja Vapahtajaan. Näin kristillinen kirkko on opettanut koko olemassaolonsa ajan, apostolien ajasta tähän päivään.

Päivän evankeliumissa Jeesus keskustelee juutalaisten ylipappien ja vanhinten kanssa Jerusalemissa, johon hän oli vastikään saapunut aasin selässä ratsastaen. Näille juutalaisten johtomiehille

Jeesus esittää vertauksen kahdesta veljeksestä, joista toinen teki isänsä tahdon, toinen taas ei. Tämän vertauksen avulla Jeesus halusi näyttää vastustajilleen, millaisia he olivat Jumalan edessä: He olivat kuin se veljeksistä, joka lupasi isälleen menevänsä viinitarhaan työhön, mutta ei lopulta mennytkään. Sen sijaan portot ja publikaanit, joita nämä Jeesuksen vastustajat pitivät syntisinä ja halveksivat syvästi, olivat vertauksen ensimmäisen veljeksen kaltaisia, sen, joka ensin kieltäytyi, mutta tuli toisiin ajatuksiin ja meni lopulta töihin isänsä viinitarhaan. Kreikankielisessä alkutekstissä tulee esille, että puhuessaan kyseisen pojan "tulemisesta toisiin ajatuksiin"

Jeesus käyttää samaa verbiä kuin puhuessaan siitä, että hänen vastustajansa eivät "tulleet katumukseen". Jeesus halusi näin opettaa, että ylipapit ja vanhimmat eivät olleet niin kuin tämä vertauksen poika, joka katui syntejään.

Miksi nämä Jeesuksen vastustajat eivät tulleet katumukseen? Se johtui siitä, että he uskoivat olevansa Jumalan edessä vanhurskaita. Ja tämän vanhurskauden he katsoivat saavuttaneensa omilla teoillaan, lakia noudattamalla. He olivat tulleet sydämessään hyvin ylpeiksi ja itseriittoisiksi, ja pitivät itseään muita ihmisiä parempina. Jeesus tiesi juutalaisten vastustajiensa ylimielisyyden ja halusi osoittaa, millaisia nämä oikeasti olivat. Heidän kohdallaan tilanne oli samanlainen kuin Laodikean seurakunnan johtajan, jolle Kristus on puhunut näin: *"Sinä kerskut, että olet rikas, entistäkin varakkaampi, etkä tarvitse enää mitään. Et tajua, mikä todella olet: surkea ja säälittävä, köyhä, sokea ja alaston. Annan sinulle neuvon: osta minulta tulessa puhdistettua kultaa, niin tulet rikkaaksi, osta valkoiset vaatteet ja pue ne yllesi, niin häpeällinen alastomuutesi peittyy, osta silmävoidetta ja voitele silmäsi, niin näet."* (Ilm. 3:17–18).

Rakkaat ystävät, Jumala kutsuu meitä tulemaan töihin viinitarhaan, hänen valtakuntaansa. Tämä kutsu on tarjottu meille evankeliumin ilosanomassa. Luterilaisen uskonopin mukaan jokainen kristitty on samanaikaisesti sekä syntinen että vanhurskas. Uskon kautta me olemme Jumalan edessä täysin vanhurskaat. Silti jokapäiväisessä elämässämme me lankeamme syntiin monesti ja monin eri tavoin, ajatuksin, sanoin ja teoin. Silloin Jumalan Pyhä Henki antaa meille voimaa nousta aina uudelleen synnin turmeluksesta, kääntyä pois väärältä tieltä ja jatkaa taas vanhurskauden tietä. *"Sillä seitsemästi vanhurskas lankeaa ja nousee jälleen, mutta jumalattomat suistuvat onnettomuuteen."* (Sananl. 24:16). Me kristityt tiedostamme olevamme syntisiä ihmisiä ja tunnustamme

Jumalalle, että tarvitsemme hänen armoaan. Ja siksi Jumala kuulee meitä ja antaa meille synnit anteeksi *"yksin uskosta, yksin armosta, yksin Kristuksen tähden"*, *"Sola fide, sola gratia, solo Christo"*. Aamen.

Kirkastussunnuntai 23.7.2023

<u>Saarnateksti: Mark. 9:2–8</u>

"*Armo teille ja rauha Jumalalta, meidän Isältämme, ja Herralta Jeesukselta Kristukselta!*" (1. Kor. 1:3).

"*Meidät on pelastettu, se on varma toivomme. Mutta toivo, jonka jo näkee täyttyneen, ei enää ole toivo. Kukapa toivoo sellaista, minkä jo näkee! Jos taas toivomme jotakin mitä emme näe, me myös odotamme sitä kärsivällisesti.*" (Room. 8:24–25). Nämä apostoli Paavalin sanat ilmaisevat meille, mitä kristillinen usko syvimmiltään on. Uskon kautta me kaikki olemme tulleet osallisiksi

Jumalan valmistamasta pelastuksesta, joka meillä on Jeesuksessa Kristuksessa. Se antaa meille varman toivon siitä, että meillä on osa Jumalan valtakunnassa, joka ilmestyy tämän maailmanajan lopussa. Paavali on Kolossalaiskirjeessään puhunut samasta asiasta näin sanoin: *"Kiittäkää iloiten Isää, joka on tehnyt teidät kelvollisiksi saamaan pyhille kuuluvan perintöosan valon valtakunnasta. Hän on pelastanut meidät pimeyden vallasta ja siirtänyt meidät rakkaan Poikansa valtakuntaan, hänen, joka on meidän lunastuksemme, syntiemme anteeksianto."* (Kol. 1:12–14).

Jumalan valtakunta liittyy olennaisesti niihin ihmeellisiin tapahtumiin, joista on kerrottu päivän evankeliumissa. Kyseistä tekstijaksoa näet edeltää Markuksen evankeliumissa Jeesuksen opetus, jossa hän puhuu Jumalan valtakunnasta. Siinä Jeesus sanoo: *"Totisesti: tässä joukossa on muutamia, jotka eivät kohtaa kuolemaa ennen kuin näkevät, että Jumalan valtakunta on tullut voimassaan."* (Mark. 9:1). Nämä Kristuksen sanat kävivät toteen kuuden päivän kuluttua eräällä vuorella. Silloin Herran apostolit Pietari, Jaakob ja Johannes saivat nähdä omin silmin, miten Jeesus ilmaisi jumalallisen kirkkautensa. Vielä monta vuosikymmentä myöhemmin apostoli Johannes edelleen muisteli tätä ihmeellistä näkyä, joka oli saanut kokea Pietarin ja veljensä Jaakobin kanssa. Hän kirjoittaa näin: "*Sana tuli lihaksi ja asui meidän keskellämme. Me saimme katsella hänen kirkkauttaan, kirkkautta, jonka Isä ainoalle Pojalle antaa. Hän oli täynnä armoa ja totuutta.*" (Joh. 1:14).

Kirkastusvuoren tapahtumat ilmaisevat meille, että Jeesuksessa Kristuksessa Jumalan valtakunta on läsnäolevaa todellisuutta. Kun Jeesukselta kysyttiin, milloin Jumalan valtakunta tulee, hän antoi tämän vastauksen: "*Ei Jumalan valtakunta tule niin, että sen tulemista voidaan tarkkailla. Eikä voida sanoa: 'Se on täällä', tai: 'Se on tuolla.' Katsokaa: Jumalan valtakunta on teidän keskellänne.*" (Luuk. 17:20–21).

Jeesus tarkoitti tällä, että Jumalan valtakunta oli jo läsnä niissä sanoissa, joita hän puhui, ja niissä teoissa, joita hän teki. Siksi Jeesus onkin lausunut: "*Jos minä ajan pahoja henkiä ihmisistä Jumalan sormella, silloinhan Jumalan valtakunta on jo tullut teidän luoksenne.*" (Luuk. 11:20). Jumalan valtakunta on aina läsnä siellä, missä Jumalan Henki toimii ja vaikuttaa hyvän tahtonsa mukaan. "*Tuuli puhaltaa missä tahtoo. Sinä kuulet sen huminan, mutta et tiedä, mistä se tulee ja minne se menee. Samoin on jokaisen Hengestä syntyneen laita.*" (Joh. 3:8). Näin Jeesus on opettanut Jumalan Hengestä.

Päivän evankeliumissa on kerrottu siitä, miten apostoli Pietari puhui nähdessään Kristuksen jumalallisen loiston. Hän sanoi Jeesukselle: "*Rabbi, on hyvä, että me olemme täällä. Me teemme kolme majaa: sinulle ja Moosekselle ja Elialle.*" Nämä Pietarin sanat vaikuttavat hyvin erikoisilta; hän nimittäin lausuu, että hän ja ne kaksi muuta opetuslasta rakentaisivat vuorelle kolme asumusta, sellaisia, joissa Jeesus, Mooses ja Elia voisivat asua pysyvästi! Pietarin sanat ilmentävät sellaista uskoa, että Jumalan valtakunta olisi sidottu johonkin tiettyyn paikkaan maan päällä. Siksi Pietari ajatteli, että hänen ja muiden opetuslasten pitäisi jäädä tälle pyhälle vuorelle, jotta he voisivat palvella Jumalaa ja hänen Kristustaan. Jumalan valtakunta ei kuitenkaan ole sidottu kirkastusvuorelle tai mihinkään paikkaan täällä maan päällä. Näihin Pietarin sanoihin soveltuvat hyvin ne Jeesuksen sanat, jotka hän on puhunut samarialaiselle naiselle Sykarin kaivolla. Jeesus sanoi hänelle: "*Tulee aika, jolloin ette rukoile Isää tällä vuorella ettekä Jerusalemissa. Tulee aika -- ja se on jo nyt -- jolloin kaikki oikeat rukoilijat rukoilevat Isää Hengessä ja totuudessa. Sellaisia rukoilijoita Isä tahtoo. Jumala on Henki, ja siksi niiden, jotka häntä rukoilevat, tulee rukoilla Hengessä ja totuudessa.*" (Joh. 4:21,23–24). Kun Jeesus puhui nämä sanat Sykarin kaivolla, hän tarkoitti "tällä vuorella" Samariassa sijaitsevaa Garisiminvuorta, jota samarialaiset pitivät ainoana oikeana jumalanpalveluspaikkana. Samalla tavoin päivän evankeliumissa mainittu vuori, jolla Jeesus kirkastui, oli jokin Galileassa sijaitseva vuori, kenties Taaborinvuori. Joka tapauksessa Jeesus ilmaisee, että Isää Jumalaa tulee palvella Pyhässä Hengessä ja uskossa häneen.

Rakkaat ystävät, olen edennyt saarnani loppuosaan. Otan vielä esille, mitä edellä käsittelemäni asiat tarkoittavat meidän, nykypäivän kristittyjen kannalta. Olemme kokoontuneet tänne Luvian kirkkoon tähän yhteiseen jumalanpalvelukseen. Meillä on usko pyhään kolmiyhteiseen Jumalaan: Isään, Poikaan ja Pyhään Henkeen. Tässä uskossa me rukoilemme ja palvelemme Jumalaa. Tämän uskon on synnyttänyt meihin Jumalan Henki, jonka Kristus on vuodattanut kaikkien palvelijoidensa sydämiin. Tässä Pyhässä Hengessä me saamme nähdä Jeesuksen kirkastettuna, sellaisena kuin apostolit kerran näkivät hänet kirkastusvuorella. Ja koska me näemme Kristuksen, Jumalan valtakunta on todella meidän keskellämme ja elävä Jumala on meidän kanssamme. "*Uskolle totta on se, mitä toivotaan, ja näkymätön on sille näkyvää.*" (Hepr. 11:1). Aamen.

5. sunnuntai helluntaista 2.7.2023

Saarnateksti: Joh. 8:2–11

"*Armo teille ja rauha Jumalalta, meidän Isältämme, ja Herralta Jeesukselta Kristukselta!*" (1. Kor. 1:3).

"*Kaikki, minkä tahdotte ihmisten tekevän teille, tehkää te heille.*" (Matt. 7:12). Tämä Jeesuksen vuorisaarnaan sisältyvä opetus tunnetaan nimityksellä "kultainen sääntö". Siitä on myös olemassa käänteinen versio, jota idän ortodoksit kutsuvat "hopeiseksi säännöksi": "*Älä tee toiselle mitään, mitä itse vihaat.*" (Tob. 4:15). Se löytyy Tobitin kirjasta, joka kuuluu Vanhan testamentin apokryfikirjoihin. Martti Lutherin mukaan niitä ei tule pitää Raamatun kanoonisten kirjojen veroisina, mutta silti niiden lukeminen on hyvää ja hyödyllistä. Näiden Lutherin sanojen innoittamana olen itsekin perehtynyt apokryfikirjoihin ja löytänyt sieltä monia hengellisiä aarteita, kuten juuri tuon edellä mainitsemani "hopeisen säännön".

Päivän evankeliumissa Herran apostoli Johannes kertoo meille siitä, miten Jeesus kohtaa syntisen naisen, vaimon, joka on ollut miehelleen uskoton. Tämä oli tehnyt syntiä rikkomalla Jumalan kymmenen käskyn lain, jonka 6. käsky kuuluu: "*Älä tee aviorikosta.*" (2. Moos. 20:14). Mooseksen kautta Jumala oli säätänyt Israelin kansalle lukuisia uhrimenoja, joiden avulla voitiin sovittaa monenlaisia syntejä. Mutta ne koskivat ainoastaan niitä syntejä, jotka oli tehty vahingossa, tietämättömyydessä. Sen sijaan, jos synti oli tahallinen ja täysin tietoinen rikkomus, tilanne oli vakavampi. Mooseksen laissa on näet kirjoitettu: *"Jokainen, joka tekee rikkomuksen tahallaan, olipa hän syntyperäinen israelilainen tai muukalainen, loukkaa teollaan Herraa. Siksi hänet on poistettava kansansa keskuudesta. Koska hän on halveksinut Herran sanaa ja rikkonut hänen käskyään vastaan, hänet on surmattava. Hän yksin joutuu kantamaan vastuun teostaan."* (4. Moos. 15:30-31).

Näistä tahallisista rikkomuksista hyvänä esimerkkinä oli aviorikos, josta on laissa säädetty tämä rangaistus: "*Jos mies tekee aviorikoksen toisen miehen vaimon kanssa, molemmat avionrikkojat, sekä mies että nainen, on surmattava.*" (3. Moos. 20:10). Näin siis Mooseksen laissa.

Päivän evankeliumissa fariseukset ja kirjanoppineet tulevat Jeesuksen luo ja asettavat hänet koetukselle. Tilanne on se, että Jeesus yritetään saada vangituksi omiin sanoihinsa. Näin oli myös keisarille maksettaviin verorahoihin liittyvässä keskustelussa, josta on kerrottu muissa evankeliumeissa. Jeesuksen vastustajat vetosivat Mooseksen lain säädökseen, jossa on rangaistus aviorikoksesta. He tunsivat lain tarkkaan, kuten myös Jeesus. Hän ei kuitenkaan antanut heille heti aluksi sanallista vastausta, vaan alkoi kirjoittaa sormellaan maan tomuun. Miksi Jeesus toimi näin? Ilmeisesti hän halusi tuoda vastustajiensa mieleen sen, mitä Israelin Jumala sanoo profeetta Jeremian kirjassa: "*Jotka minusta luopuvat, ne kirjoitetaan maan tomuun. Sillä he ovat hylänneet elävän veden lähteen, Herran.*" (Jer. 17:13). Sanat viittaavat syntiinlankeemukseen, jonka seurauksena kuolema tuli ihmisen osaksi. "*Maan tomua sinä olet, maan tomuun sinä palaat.*" (1. Moos. 3:19).

Kirjoittamalla maan tomuun Jeesus halusi ilmaista fariseuksille ja kirjanoppineille, että myös he ovat syntisiä ihmisiä. Tähän liittyvät myös ne kuuluisat sanat, jotka hän seuraavaksi lausuu: "*Se teistä, joka ei ole tehnyt syntiä, heittäköön ensimmäisen kiven.*" Jeesus osoittaa, että kukaan hänen vastustajistaan ei voi olla vanhurskas Jumalan edessä, sillä kaikki ovat tehneet syntiä elämässään. He eivät uskalla tuomita naista, koska silloin he tuomitsisivat myös itsensä.

Kohtauksen lopussa Jeesus on yksin naisen seurassa. Jumalan Pojan edessä me kaikki olemme samassa tilanteessa. Jeesus Kristus on ihmiseksi tullut Jumala. Hän on täysin synnitön, joten hänellä on täydet valtuudet tuomita meidät. Jeesus ei missään vaiheessa sanonut, että nainen ei olisi ansainnut lain määräämää tuomiota. Päinvastoin, hän vahvistaa lain oikeaksi. Kuitenkin, vaikka Jeesuksella olisi oikeus tuomita nainen aviorikoksesta, hän ei tee niin. Sen sijaan Jeesus armahtaa hänet ja sanoo: "*Mene, äläkä enää tee syntiä.*" Tämä kertoo meille sen, mikä on Jumalan perimmäinen tahto meitä kohtaan. Tämä on ilmaistu profeetta Hesekielin kirjassa, näin sanoin: "*Näin sanoo Herra Jumala: Minäkö haluaisin, että jumalaton kuolee? Enkö ennemminkin halua, että hän kääntyy teiltään ja saa elää?*" (Hes. 18:23).

Näihin Jeesuksen päätössanoihin liittyy vielä eräs tärkeä näkökohta. Ensialkuun ne näyttäisivät ilmaisevan, että meidän tulisi elää täysin synnitöntä elämää. Raamatun mukaan se on kuitenkin mahdotonta. Mutta Jeesus ei tarkoita sanoillaan tätä. Sen sijaan hän ilmaisee, että meidän ei tule elää synnissä, se on, roikkua kiinni synnin tekemisessä. Alkutekstissä kreikan verbin aikamuoto on preesens, joka viittaa jatkuvaan synnin tekemiseen. Kyse onkin siitä, mistä apostoli Johannes on kirjoittanut ensimmäisessä kirjeessään. Hän opettaa: "*Jumala on valo, hänessä ei ole pimeyden häivää. Jos sanomme elävämme hänen yhteydessään mutta vaellamme pimeässä, me valehtelemme emmekä seuraa totuutta. Mutta jos me vaellamme valossa, niin kuin hän itse on valossa, meillä on yhteys toisiimme ja Jeesuksen, hänen Poikansa, veri puhdistaa meidät kaikesta synnistä."* (1. Joh. 1:5-7).

Johanneksen evankeliumin alkuluvussa on kirjoitettuna: "*Lain välitti Mooses, armon ja totuuden toi Jeesus Kristus.*" (Joh. 1:17). Mitä nämä sanat merkitsevät? Vastaus löytyy Paavalin saarnasta, jonka hän julisti Pisidian Antiokiassa. Paavali opettaa: "*Olkoon siis teille tiettävä, miehet ja veljet, että hänen kauttansa julistetaan teille syntien anteeksiantamus ja että jokainen, joka uskoo, tulee hänessä vanhurskaaksi, vapaaksi kaikesta, mistä te ette voineet Mooseksen lain kautta vanhurskaiksi tulla."* (Ap. t. 13:38-39). Näin Paavali ilmaisee, että vanhurskauden koko täyteys tulee meille Kristuksen kautta, ei Mooseksen lain kautta. Kun meillä on usko Jeesukseen, Jumala katsoo meidät edessään vanhurskaiksi rakkaan Poikansa tähden. Kristuksen lahjavanhurskaus luetaan meidän hyväksemme uskon kautta, ilman lain tekoja. *"Hän on meidän Jumalamme ja me hänen laitumensa lampaat, joita hänen kätensä kaitsee. Kuulkaa tänä päivänä, mitä hän sanoo."* (Ps. 95:7). Mitä Jeesus sanoo meille tänä päivänä. Hän sanoo: *"Älköön sydämenne olko levoton. Uskokaa Jumalaan ja uskokaa minuun."* (Joh. 14:1). "*Jeesus Kristus on sama eilen ja tänään ja iankaikkisesti.*" (Hepr. 13:8). Aamen.

1. sunnuntai pääsiäisestä 16.4.2023

Saarnateksti: Joh. 21:1–14

"*Armo teille ja rauha Jumalalta, meidän Isältämme, ja Herralta Jeesukselta Kristukselta!*" (1. Kor. 1:3).

"*Yksi kuva kertoo enemmän kuin tuhat sanaa.*" Moni meistä on varmasti kuullut tämän sanonnan jo aiemmin. Itse olen omakohtaisesti vakuuttunut, että kyseinen lause pitää varsin hyvin paikkansa. Tämä johtuu aivan erityisesti tietystä taulusta, jota olen saanut katsella jo lapsuudestani lähtien. Kyseessä on arkkitehti Ilmari Launiksen vuonna 1912 maalaama taideteos "Jeesus ilmestyy opetuslapsille Genesaretjärven rannalla", joka tunnetaan paremmin Luvian kirkon alttaritauluna.

Päivän evankeliumissa kerrotaan siitä Jeesuksen elämän tapahtumasta, joka on kuvattuna tässä alttaritaulussa. Siinä ylösnoussut Kristus ilmestyy seitsemälle opetuslapselleen Gennesaretinjärven eli Tiberiaanjärven rannalla. Jeesus antaa Pietarin ja muiden opetuslasten nähdä ja kokea suuren ihmeen, antamalla heille ihmeellisen kalansaaliin. Itse olen kuullut, että Luvian alttaritaulusta on käytetty myös nimitystä "Pietarin kalansaalis ", mikä kuvaa hyvin sen sisältöä.

Jeesus tekee päivän evankeliumissa hyvin suuren ja vaikuttavan ihmeteon. Tässä saarnassani en kuitenkaan aio puhua tästä ihmeestä, siitä, mikä tekstissä on kaikkein ilmeisintä. Sen sijaan olen nyt päättänyt keskittyä johonkin sellaiseen, joka ei ole yhtä ilmeistä, mutta jolla on silti hyvin suuri merkitys päivän evankeliumin ymmärtämisen kannalta.

Ihmeellisen kalansaaliin jälkeen Jeesus kutsuu opetuslapsiaan aterialle kanssaan. "*Tulkaa syömään*", hän sanoo ja kehottaa tulemaan valmistamalleen aamiaiselle. Jeesus ottaa leipää ja kalaa, ja antaa ne opetuslapsilleen. Varmasti monelle meistä tulee tästä mieleen Jeesuksen ihmeteko, jossa hän ruokkii viidellä leivällä ja kahdella kalalla suuren joukon ihmisiä, noin 5000 miestä. Kuitenkaan tämäkään ihme ei ole se, mitä haluan nostaa esille. Mitä sitten on vielä jäljellä? Se, että Jeesus ja opetuslapset aterioivat yhdessä. Tämän näkökohdan merkitystä ryhdymme nyt yhdessä tarkemmin pohtimaan.

Raamatussa puhutaan usein Jumalan valtakunnasta erilaisten vertausten tavoin. Näistä merkittävin on vertaus suuresta juhla-ateriasta, jonka Jumala järjestää Siionin pyhällä vuorella. Profeetta Jesajan kirjasta löytyy tärkeä profetia, jossa on käytetty tätä vertauskuvaa: "*Tällä vuorella Herra Sebaot valmistaa pidot kaikille kansoille, herkkuruokien aterian, valioviinien juhlan."* (Jes. 25:6). Jeesuksen opetuksessa tämä Jumalan lopunajallinen juhla-ateria on tärkeässä osassa. Eräässä yhteydessä hän opettaa näin: "*Minä sanon teille, että niin idästä kuin lännestä tulee monia, jotka taivasten valtakunnassa käyvät aterialle yhdessä Abrahamin, Iisakin ja Jaakobin kanssa.*" (Matt. 8:11). Lähi-idän kulttuurissa ateria oli keskinäisen yhteyden ja ystävyyden vertauskuva. Se oli sitä Jeesuksen aikana, ja on yhä tänä päivänäkin. Jeesus korosti ateriayhteyden merkitystä omassa toiminnassaan. Hän söi ja joi publikaanien ja muiden syntisinä pidettyjen ihmisten kanssa, ja fariseukset paheksuivat tätä suuresti. Näin

Jeesus toi esille, että hän on syntisten vapahtaja.

Päivän evankeliumissa saimme kuulla, miten Jeesus aterioi Pietarin ja muiden opetuslasten kanssa Tiberiaanjärven rannalla. Tällä tavoin Jeesus ilmaisee, että hänellä on todellinen yhteys kaikkiin niihin, jotka seuraavat häntä. Uuden testamentin lopussa olevassa Ilmestyskirjassa Jeesus sanoo: "*Minä seison ovella ja kolkutan. Jos joku kuulee minun ääneni ja avaa oven, minä tulen hänen luokseen, ja me aterioimme yhdessä, minä ja hän.*" (Ilm. 3:20). Tämä Jeesuksen lausuma totuus pätee aina ja kaikkialla. Jokainen ihminen, joka luottaa Jeesukseen ja antaa hänen tulla elämäänsä, on aidossa yhteydessä häneen, joka on Herra ja Vapahtaja.

Jeesuksen opettama ateriayhteys sai suurimman ja syvimmän merkityksensä pääsiäisenä, kiirastorstain iltana. Silloin Jeesus oli aterialla opetuslastensa kanssa ja asetti ehtoollisen pyhän sakramentin. Ehtoollisen vietossa opetuslapset saivat kokea yhteyden Herraan ja Vapahtajaan, mutta samalla myös keskenään, toinen toisensa kanssa. Apostoli Paavali korostaa yhteyden merkitystä Herran ehtoollisen vietossa. Hän opettaa näin: "*Eikö malja, jonka me siunaamme, ole yhteys Kristuksen vereen? Ja eikö leipä, jonka me murramme, ole yhteys Kristuksen ruumiiseen? Leipä on yksi, ja niin mekin olemme yksi ruumis, vaikka meitä on monta, sillä tulemme kaikki osallisiksi tuosta yhdestä leivästä.*" (1. Kor. 10:16–17). Paavali käyttää kreikankielistä sanaa *koinoonia*, joka merkitsee hyvin syvällistä yhteyttä, täydellistä osallisuutta johonkin. Apostoli tahtookin sanoa, että Jumalan seurakuntaan kuuluminen merkitsee aitoa yhteyttä Kristukseen sekä kaikkiin muihin seurakunnan jäseniin. Seurakunta on yksi Kristuksen ruumis, jolla on monta jäsentä.

Rakkaat ystävät, olemme tänään täällä messussa uskon pyhien salaisuuksien äärellä. Kun käymme ehtoollisen viettoon, meidän itsekunkin kohdalla toteutuu se ateriayhteys, josta olen tässä saarnassani puhunut. Kun tunnustamme kristillisen uskomme, tämä yhteinen usko liittää meidät Kristukseen ja toinen toiseemme, kaikkiin hänen pyhiinsä. Silloin käy toteen kaikki se, mitä Jeesus on opettanut. Hän sanoo: "*Minä olen viinipuu, te olette oksat. Se, joka pysyy minussa ja jossa minä pysyn, tuottaa paljon hedelmää. Ilman minua te ette saa aikaan mitään. - - Siinä minun Isäni kirkkaus tulee julki, että te tuotatte runsaasti hedelmää ja niin osoitatte olevanne opetuslapsiani. Niin kuin Isä on rakastanut minua, niin olen minä rakastanut teitä. Pysykää minun rakkaudessani.*" (Joh. 15:5, 8–9). Aamen.